国士无双

张伯驹纪事

张恩岭 ◎ 著

长春出版社
全国百佳图书出版单位

图书在版编目(CIP)数据

国士无双：张伯驹纪事/张恩岭著. -- 长春：长春出版社，2024.8. -- ISBN 978-7-5445-7517-1

Ⅰ．K825.4

中国国家版本馆 CIP 数据核字第 2024SN6800 号

国士无双：张伯驹纪事

著　　者　张恩岭
责任编辑　张中良　孙振波
封面设计　宁荣刚

出版发行　长春出版社
总 编 室　0431-88563443
市场营销　0431-88561180
网络营销　0431-88536813
地　　址　吉林省长春市长春大街309号
邮　　编　130041
网　　址　www.cccbs.net

制　　版　荣辉图文
印　　刷　吉林省优视印务有限公司

开　　本　880毫米×1230毫米　1/32
字　　数　195千字
印　　张　9.75
版　　次　2024年8月第1版
印　　次　2024年8月第1次印刷
定　　价　39.80元

版权所有　盗版必究
如有图书质量问题，请联系印厂调换　联系电话：0431-84678966

张伯驹(1898—1982),原名张家骐,河南项城人,中国著名的收藏鉴赏家、诗词学家、京剧艺术研究家、书画家

青年时期的张伯驹

1987年10月,张伯驹夫人潘素(前排中)和女儿张传綵(前排左二)回到家乡,受到项城县党政领导和乡亲的热烈欢迎。主要领导如下:中共项城县委书记孔令美(前排左四),县长刘炜东(前排右四),县政协主席王启荣(前排右三),县人大常委会主任宗修怀(前排右二)。

1987年10月，潘素（前排左二）及其女儿张传綵（前排右三）在故乡项城与张勋亮（后排左二）、张恩龄（后排左一）等亲戚合影

2007年8月30日，张伯驹先生的女儿张传綵（左三）、女婿楼宇栋（左二）在北京与项城市政协副主席徐汝芳（左一）、本书作者张恩岭（左四）合影

2007年冬，张恩岭在北京通州张家湾与冯其庸先生合影

2007年冬，张恩岭在首都师范大学与欧阳中石先生合影

2008年春，张恩岭在石家庄与张柳溪合影

2008年春，张恩岭在天津与张牧石先生合影

2008年春，张恩岭在北京与周笃文先生合影

2020年9月,张伯驹的外孙女楼朋林(右)楼朋竹(左),在周口探望舅舅张恩岭(中)

2021年4月,张恩岭与张柳溪夫妇在一起

2021年4月，张恩岭与张柳溪夫妇在一起，右二是张伯驹孙子张迎

序

张伯驹（1898—1982），原名张家骐，字伯驹，号丛碧，后以字行，另号春游主人、好好先生，河南项城人。张伯驹是我国现当代集诗词学家、收藏鉴赏家、京剧艺术研究家、书画家于一身的文化大家、著名的爱国民主人士。

1982年2月张伯驹逝世以后，纪念他的文章就不断见诸报刊，记述他生平事迹的书籍也有不少，研究他的人越来越多，他的艺术成就和思想、人格的价值也越为人们所认识。但这些文章和书籍对张伯驹的百年经历和家事却知之较少，因而，其叙述就有些不实和误解。更多的则是对张伯驹生平和经历的传奇化，华而不实，过分夸张，以博取读者的喝彩。这些传奇又经过人们不断的加工和戏说，已经有违历史的真实和生活的常识了。尽管这种传奇并非出于恶意，但传奇的任意夸张和编造实际上也是对历史人物的态度不够严肃，也就谈不上对历史和历史人物的尊重了。

我研究张伯驹多年了，尽管谈不上多么深入，但费力却着实不少。首先，与张伯驹先生子女们的平时交谈，又曾多次前往北京、石家庄、天津等地，采访张伯驹先生的友人与学生，从他们那里获知不少有关张伯驹人生百年中鲜为人知的性格、爱好与人际交往方面的种种趣闻与悲欢。其次，蒙张伯驹先生生前所在单位的支持与帮助，我又从那里查阅了诸多档案资料。

这一切，使我觉得对张伯驹先生生平中若干经历的真实情况与其家事的点点滴滴，确有必要加以说明和纠正，以免谬误继续传说下去。这样做，既是对张伯驹先生最好的纪念，也是为大家研究张伯驹、关注张伯驹提供一个参考。因此，笔者力争把本书写成一部知识性、可读性、故事性兼具，具有史料价值，可供学术研究的书。

本书使用的资料甚丰，既有张伯驹先生自己的著述，又有张伯驹先生家人和其友人、学生的回忆，还有张伯驹先生的档案资料。除此之外，也有我对一些研究张伯驹的著述的看法及对其误读的纠正，但都是本着实事求是，与大家商榷的态度，反映了我的看法和观点，因此，本书就名为《国士无双：张伯驹纪事》吧！我的记述与看法正确与否，还敬请大家指正。

作者
2024 年 5 月

目 录
Contents

家世背景

003 / 从曾祖张致远说起
007 / 祖父张瑞桢
011 / 生父张锦芳
014 / 张锦芳的诗才与科场换卷
018 / 父亲张镇芳
025 / 张镇芳和他的大家庭
033 / 张镇芳和袁世凯的亲戚关系
037 / 捐款救父亲
039 / 弟弟和妹妹

读书生活

043 / 少年诗作一鸣惊人
045 / 新学书院

049 / 少年看戏竟入迷

052 / 为什么弃戎从笔

057 / 书法的"鸟羽体"

060 / "文人画"

062 / 一点小"精明"

婚姻家庭

065 / 原配"李月娥"

068 / 邓韵绮

071 / 王韵缃

077 / 与王韵缃的离婚

083 / 潘素

089 / 张柳溪上学和生活情况

092 / 王韵缃在张柳溪家的生活

097 / 张柳溪一家

100 / 张传綵一家

102 / 张伯驹1979年写给张柳溪的信

105 / 潘素1982年写给张柳溪的信

痴迷文艺

111 / 戏剧生活

115 / 在上海被绑架事件

118 / 爱作对联

123 / 袁克文赠张伯驹的对联

129 / 诗钟圣手
134 / 倾心词作
137 / 京剧大师为张伯驹当配角
140 / 《游春图》的购买与转让
147 / 三求《平复帖》
150 / 终成无产者
152 / 与章士钊的交往
156 / 约周汝昌写梅花大鼓
160 / "波斯猫"
163 / 被聘为中央文史研究馆馆员始末
170 / 百代高标　千秋丛碧

任职吉林

175 / 是怎样去吉林的
180 / 在吉林的情况
184 / 南湖生活与唱戏
186 / 和宋振庭的关系
191 / 对吉林文博事业"相当卖力气"
195 / 《春游琐谈》
198 / 《春游词》

士人风骨

203 / 照顾袁克定
208 / 性格的怪僻

212 / 义　气
215 / 点滴细节见真诚
219 / "字""号"与"印"
229 / 宽容胸怀

研究热潮

233 / 张伯驹去世
240 / 潘素去世
246 / 关于张伯驹《身世自述》的一点理解与说明
248 / 张伯驹研究的现状及其思考

附　录

265 / 北京市文化局《关于张伯驹先生右派问题复查结论的请示》
267 / 中共北京市委员会文化出版部（批复）
268 / 身世自述
275 / 我从余叔岩先生研究戏剧的回忆
291 / 友我终归共一家

家世背景

从曾祖张致远说起

据《项城张氏族谱》记载，张伯驹祖上并不姓张，而是姓吴，世居山西嵩南二十里酸枣庄。因明初军役繁杂，难以负担，遂迁来河南项城。同来时有兄弟七人，老大、老二迁来项城，称为大公、二公，其他兄弟五人迁居何处已难以查找。

项城地势偏僻，人烟稀少，民风淳朴，世道也平和安定，大公、二公两兄弟就在此休养生息，繁衍后代。

《项城张氏族谱》封面

张伯驹祖上为何改吴姓为张姓？在十三世孙楷公修纂的《项城张氏族谱》中曾说到此事："我族本吴姓泰伯、仲雍之裔，迁项之始犹吴姓也，后因奉养事易而姓张。"至于其中内情，连张伯驹的父亲张镇芳也说不清了。

来到项城的老大张训远居住在项城县高寺乡汾河北稍西的西大莲池坡。最初以捕鱼为业，后来开荒种地，逐步富裕起来，又购买数头吴牛（南方吴地的水牛），乡人又称他为水牛张。老二张校落户洪河南，即珍寇镇（明清时期的项城县城）的下虹桥。经过几代人的惨淡经营，积蓄日丰，逐渐成为一方大户。

二公传至锡才，已是十三世。张锡才又移居秣陵镇东北张新庄。这里地势低洼，淮草丛生。张锡才靠种庄稼，割淮草，担卖淮草勤劳发家，日久置地十数顷。有了经济实力，锡才公便走上了耕读传家、教子读书成才之路。

锡才公之子张国安，又生二子，长子张程远，次子张致远。张致远就是张伯驹的曾祖。

张致远（1798—1875），字静斋，号道久，迁居闫楼。

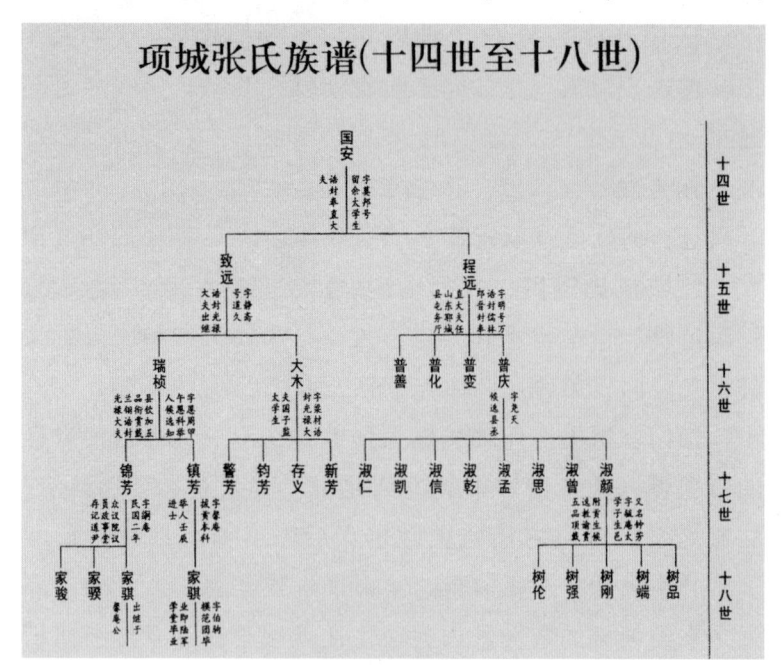

《项城张氏族谱》（十四世至十八世）

· 004 · 国士无双：张伯驹纪事

第八圖

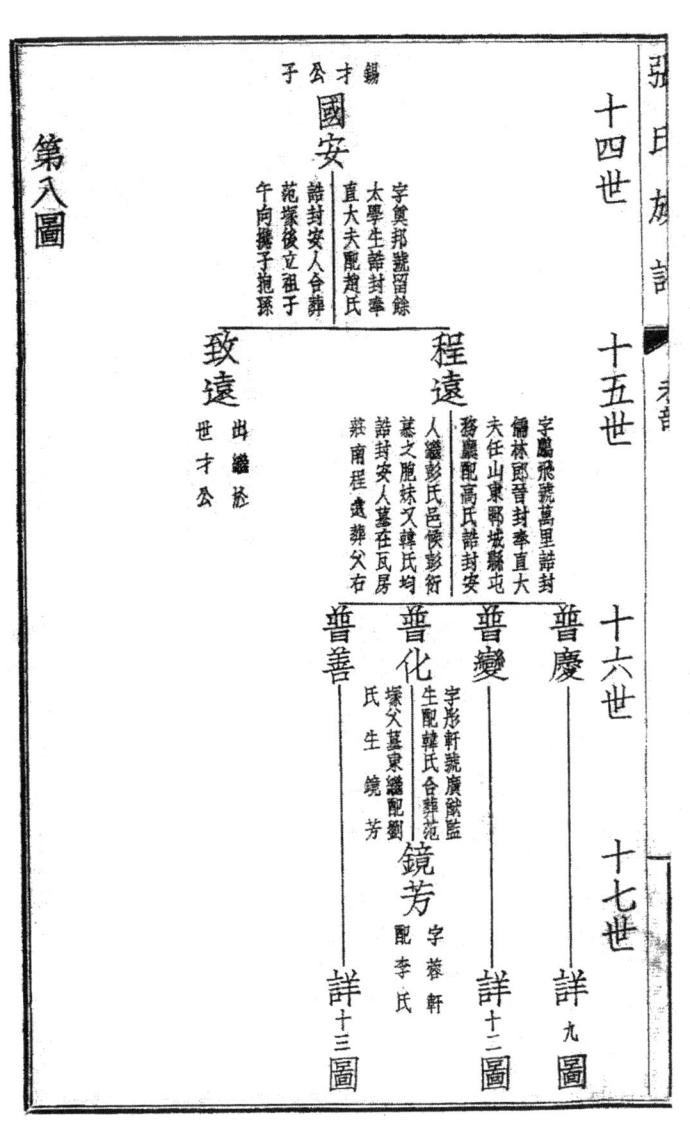

十四世　國安　字奠邦號留餘　太學生誥封奉直大夫　配趙氏誥封安人合葬　范塚後立祖子午向攜子抱孫

錫公才子

十五世

程遠　字麟飛號萬里誥封儒林郎誥封奉直大夫任山東鄆城縣屯務廳配高氏誥封安人葬在瓦房莊南程遠葬父右墓之脆妹又韓氏均人繼彭氏邑候彭衍

致遠　出繼於錫才公

十六世

普慶　詳九圖

普變　詳十二圖

普化　字彤軒號廣鉞監生配韓氏合葬范氏墓東繼配劉氏生鏡芳

普善　詳十三圖

十七世

鏡芳　字蓉軒配李氏

《項城張氏族譜》第八圖

张致远饱读诗书，应童子试，名列前茅，是很有才华的。一次童生考试，县令彭某索取暮夜金，许诺说定会录取前几名。但张致远不屑于纳贿，虽然参加了考试，终未获得功名。这个事情后来被记载在《项城张公馨庵（张镇芳）行状》一文中。其文为："静斋（张致远）府君劬学励行，为世孺宗。弱冠应童试，列前茅。邑宰彭君使人授意，索馈暮夜金，府君峻拒之，曰：'我耻以非义世身，宁落孙山外也。'"高祖张致远拒绝行贿，功名之路从此断绝。

这里有一个典故就是"暮夜金"，即贿金，典出东汉杨震。震往东莱郡上任之时，道经昌邑。他曾经提拔过秀才王密为昌邑令。王密为了感激他的提拔之恩，特地在半夜带了十斤黄金来酬谢杨震，并且说："夜深了，谁也不知道。"杨震说："天知、地知，你知、我知，怎么没人知道呢？"王密羞愧而去。这个典故也叫"暮夜四知"。

关于这件事，张伯驹的父亲张镇芳曾作一首长诗《自述》，其中有这样的句子：

有客问吾家，何时才崛起？
虹阳辟草莱，雁塔题乔梓。
我意重踟蹰，为君陈所以。
心田种福根，自古皆如此。
吾祖性荫祥，直名闻遐迩。
嗷嗷遍野鸿，每活西江水。
强恕不欺人，求仁维克己。
羞趋邑宰门，跃出童军垒。

祖父张瑞桢

张伯驹的祖父张瑞桢（1839—1897），字恩周，号雨埏。张伯驹没有见过祖父，其祖父去世一年后，即1898年，张伯驹才出生。

据《项城张氏族谱》记载，张瑞桢，幼而奇颖，读书目数行下，精于天文地理，旁及先秦诸子百家，无不综览以博其趣。尤其精研《易经》。文章精深渊懿，纵横恣肆，不拘一格。同县名士高积勋，光绪丁丑年（1877）进士，才望名重一时，独倾倒张瑞桢。二人常互相赠诗以唱和。高积勋有诗赞张瑞桢道："风度端凝张九龄，沉酣子史醉六经。观书朗朗眼如月，下笔振振走雷霆。"

张瑞桢一生屡屡参加乡试而受困。但他一边教书育人，一边努力于攻读，终于在光绪二十年（1894）考取了甲午科举人，此时已经五十五岁。《项城张氏族谱》记载："张瑞桢，候选知县钦加五品衔，赏戴花翎，诰封光禄大夫。"

张伯驹的祖父张瑞桢、祖母刘静斋对其儿子张镇芳和张锦芳的教育是很严格的，他们兄弟三四岁时，其母亲便

十五世

致遠 生於嘉慶三年十二月初一亥時
卒於光緒元年十月二十日戌時

十六世

世才公才輈子

致遠 字葬喬號道久誥封光祿大夫候
選直隸州葬閻樓東南角萊園外
立在右側有少亡葬兩處配樊氏
誥封夫人無出葬張新莊西南隅

大木————詳十五圖

劉氏 誥封夫人淮邑劉奉
廣華君之女葬陶灣窗子二
大二長姓郭門次姓門
遺行詳邑誌傳照錄另載

瑞楨————詳十圖

劉氏 生於嘉慶六年四月二十二子時
卒於同治元年八月初七日戌時

《項城張氏族譜》有關張致遠父子的記載

· 008 ·　國士無雙：張伯駒紀事

第二十圖

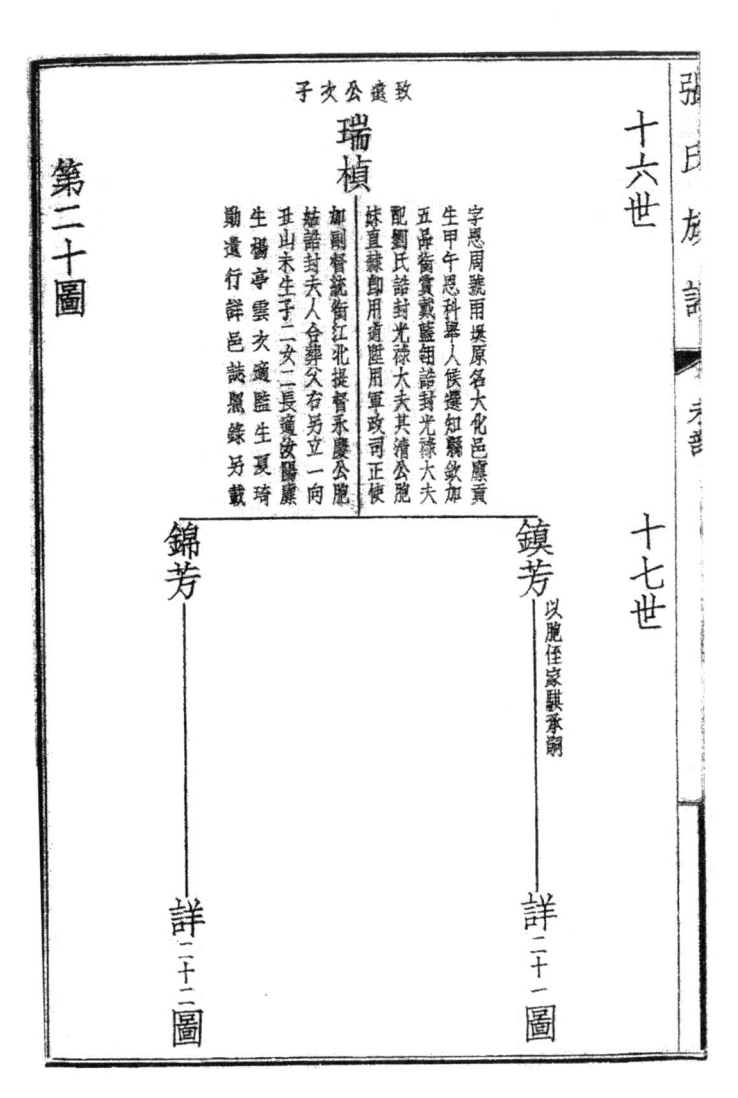

十六世

瑞楨 致葵公次子

字思周號用奘原名大化邑廩貢生甲午恩科舉人候選知縣欽加五品銜賞戴藍翎誥封光祿大夫誥封光祿大夫配劉氏誥封光祿大夫其清公胞妹直隸即用道歷用軍政司正使加同督統銜江北提督承慶公胞姪諸封夫人合葬父右另立一向丑山未生子二女二長適故陽廉生獬亭雲次適監生夏琦勳遺行詳邑誌臚臻另載

十七世

鎮芳 以胞侄家驤承嗣

詳二十一圖

錦芳

詳二十二圖

《項城張氏族譜》有關張瑞楨父子的記載

家世背景 ·009·

口授《三字经》《四字鉴略》《千字文》《百家姓》等启蒙书籍，朝夕讲解这些书的大义。张镇芳八岁入塾，张瑞桢常于书斋伴读，每当张镇芳读史涉及忠孝仁爱信义之事，其父则大声呼道："汝辈能如此，方不愧为子，无愧为人矣。"后来，张锦芳（比张镇芳小九岁）在《先兄馨庵公家传》一文中写道："兄长自束发受书备尝甘苦。凡读古文诗词，父亲危坐静听，抑扬顿挫之间稍有含糊，当即面加申斥。每天鸡鸣而起，默背复习，不许点灯，只燃两根香火，忘了就对着香火照视一下。目的是防止其用心不专，每逢三、八授课日，都要作诗、文、赋各一篇。第二天早上交卷。稍有不工，则几天内不断责嚷。"

张瑞桢一生，一边教书育人，一边致力攻读，终于在光绪二十年（1894）考取了举人。三年后，病逝于闾楼，享年五十八岁。

张镇芳在其《自述》诗中，有这样几句诗描写他的父亲张瑞桢和母亲刘静斋：

吾父好诗书，焚膏常继晷。
三更嗜苦吟，五夜参元理。
破壁晚登龙，趋庭时训鲤。
前程望棘槐，后进培桃李。
母氏最劬劳，相夫兼教子。

生父张锦芳

张伯驹的父亲叫张锦芳,在兄弟排行中第六,称为"六大人",实际上他是张伯驹的亲生父亲。因为张伯驹六岁时过继给他伯父张镇芳,他便喊张镇芳为父,喊张锦芳为"六叔"。张镇芳在张家排行第五,被称为张五大人。

张锦芳(1872—1942),字絅庵,晚清廪生,曾任度支部郎中,民国二年任众议院议员、政事堂存记、道尹等职。世居项城县秣陵镇。张锦芳幼年聪颖好学,为人诚实谦恭,性情慷慨豪爽,好济人之急,唯恐不及,深受邻里的称赞,一生做了许多善行善事,为乡人所乐道。

张伯驹曾说,六叔张锦芳虽然家中挂着帅府的匾额,因为兄长张镇芳做了高官,非常显赫,但他对子女的管束非常严厉,深恐家人骄傲自大,惹是生非。张伯驹有个弟弟叫张家骙,在县文昌宫上学,和北街邻居张之勤的儿子张文钰同窗。一天,张家骙故意问张文钰是哪个张,文钰则炫耀地说是北街牌坊底下的张。文钰问家骙是什么张,家骙说是牌坊顶上的张。文钰一听,大怒,二人打了起来。当时山长(院长)很难处理:一是河南都督张镇芳的

十七世　十八世

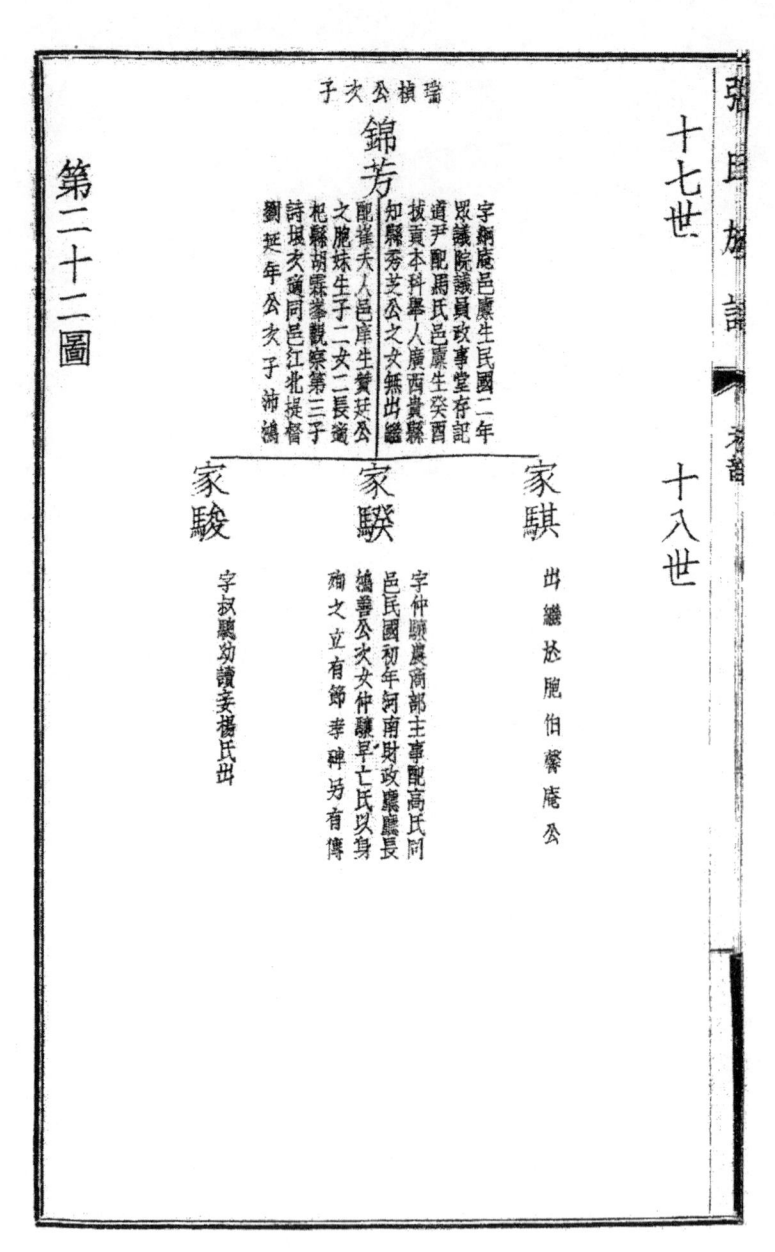

锦芳　瑞横公次子

字铜庵邑廪生民国二年众议院议员致事堂存记道尹配马氏邑廪生癸酉拔贡本科举人广西贵县知县秀芝公之女无出继配崔夫人邑庠生贡廷公之胞妹生于二女一长适杞县胡霖华观察第三子诗垠次适同邑江北提督刘延年公亥子浦鸿

家骐　出继从胞伯馨庵公

家骏　字仲农商部主事配高氏同邑民国初年河南财政厅厅长鸾喜公次女仲骧早亡氏以身殉之立有节孝碑芳有传

家骏　字叔骧幼读妾杨氏出

第二十二图

《项城张氏族谱》有关张锦芳父子的记载

·012· 国士无双：张伯驹纪事

侄儿，又是新翻修的文昌宫的山主；一个是文昌宫的老山主（文昌宫是张文钰的先人张承恩捐款修的）的后代。张家骙回家后愤愤地说了此事，张锦芳听说儿子羞辱同学又打架，便严厉斥责，并随即套车带儿子到张之勤家赔礼道歉。这件事情很快被邻里传诵开来。

张锦芳的诗才与科场换卷

张锦芳文才很好,诗作得好,在天津和许多名人唱和颇多。著有诗集《修竹斋引玉咏》,其《项城八景》中有许多名句,如:"珠帘雾卷朝来雨,画栋云飞夕照天""红雨乱飘岳寺树,绿荫密布野云亭"等诗句,气势不凡。

有一个故事说张锦芳在诗作上很虚心,曾两次走访与项城为邻的淮阳县名士朱飞仙,想切磋学习作诗艺术。可朱飞仙是位不求功名、不慕权势、性格古怪的人,其书、画、诗当时被称为"豫东三绝"。

张锦芳第一次前往,没有见到朱飞仙,留下名片就回来了,名片那时也叫帖子、名帖。第二次去,见到了朱飞仙,他正在种菜。朱见到张锦芳开口便问,你找我有什么事?张锦芳说,听说先生诗作得很好,想跟先生和和诗。朱问,你的诗属哪一家?张锦芳谦恭地说,我是乱凑杂学,谈不上什么家。朱飞仙说,你不入家,跟我和什么诗?说罢,转身又干活去了。张锦芳受到冷遇后,不胜感叹地说,真清高名士也!其实,朱飞仙之所以这样对待张锦芳,是因为他知道张锦芳的哥哥张镇芳是大官,是权势官宦门第，所以对他不屑一顾。朱飞仙误解了张锦芳，但让人从中看到了张锦芳的人品和学风。

既然张锦芳这样有文才，又处于科举时代，为什么就没有中举呢？这里就有一个让人啼笑皆非的文坛故事了。张伯驹在其编著的《春游琐谈》中有一篇文章《科场换卷》就是说这个事情的。

这篇文章开头即说："清代科考，场内弊病甚多，互换试卷，则经常事也。有专作枪手者。入场除换卷外，尚为人作卷，己卷则故为小疵，以使其不中，下科再入场。夏枝巢先生即南京之名枪手，所枪替皆大族子弟。榜发取中，动酬二三千金，主考亦知，后专觅其试卷而中之，遂不能再入场。"

这段话的意思是说，科场换卷，在那时已是一大弊病，人人皆知。张伯驹接着写道："先祖与先叔甲午科同入场，先祖盼子功名心切，以为先叔卷无取中望，以己卷换之，榜发，先祖竟获中。"这次考试就是1894年光绪甲午科乡试。

事情是这样的：张瑞桢当时已是五十多岁的人了，即使中了举，也没太大作用了。其长子张镇芳已考取光绪十八年壬辰科进士，所以他也想让次子张锦芳中举。因此，在进考场前，老先生便嘱咐儿子张锦芳在自己的考卷上署上张瑞桢的名字。张瑞桢则在答卷上署儿子张锦芳的名字。他认为，父子二人在考卷上换下名字，儿子张锦芳中举就是毫无悬念的事了。

可是事与愿违，到了放榜之日，张瑞桢中了举人，儿子张锦芳却名落孙山。据说当时张瑞桢抱头大哭，说，早知今日，何必当初，我已年过半百，要这个老举人有何用？并说："是我误了儿子锦芳的前程。"从此以后，便懊悔不已，郁郁寡欢了。

张锦芳《张氏南北两门家谱序》书影

由此可见，张锦芳的文才是不差的，这件事由张伯驹写出来，也可见张伯驹的坦率与当时并非鲜见的科场弊病之误人。

还有一件事是张锦芳做的，就是他主持第六次续修《项城张氏族谱》。这一次续修"族谱"始于1935年，完成于1936年，张镇芳于1933年去世，他生前很关心这次族谱的修撰，可惜未能亲见。有人说这次族谱是张镇芳修撰，那是说错了。

对于此次修撰，张锦芳在《张氏南北两门家谱序》中说："嗣吾兄以三品京堂摄篆直隶总督又复开府，故乡修谱之事无暇及此，蹉跎以至于今，馨兄前岁又复逝世。蹉乎！人生数十春秋，直如幻梦。修家谱，建墓碑，立祠堂及余身而不一一举办，先人何贵有此子孙？为去岁余由天津回项，晤族叔祖紫凝、族叔庆之、族侄孙希贤，议及修谱之事，赖紫凝、佩玖总其成，庆之、希贤襄其事，今已告竣，浼锦芳序而述之，从此昭穆分明，世系井然，使后之人咸知水之出于一源，木之出于一本，而敬宗收族之心，油然生矣！余不敏，谨弁之简端，以告来者。"

文末署名为：前众议院议员十七世孙锦芳谨序。

家世背景

父亲张镇芳

张镇芳(1863—1933),字馨庵,号芝圃,出生于清同治二年(1863)十二月二十八日,河南省项城县秣陵镇闫楼村人,他是清末民初政坛上的重要人物。这里还是先说他的家世吧,他的弟弟叫张锦芳。

张镇芳原配夫人是智氏,她是淮阳县智王庄人,其父智杰之,庠生。智氏21岁嫁张镇芳,先生一子,数月后夭折,后生一女,次年庚子之乱,又卒于避难的路上,以后再无生育。张镇芳又先后娶了4位夫人,皆无生育。直到1903年,张伯驹6岁时,按照族规,张锦芳把儿子张伯驹过继给了张镇芳。

张镇芳一生先是从政,后是从商。对其一生可说是毁誉不一。在政坛上,他曾任天津河间兵备道、长芦盐运

第二十一图

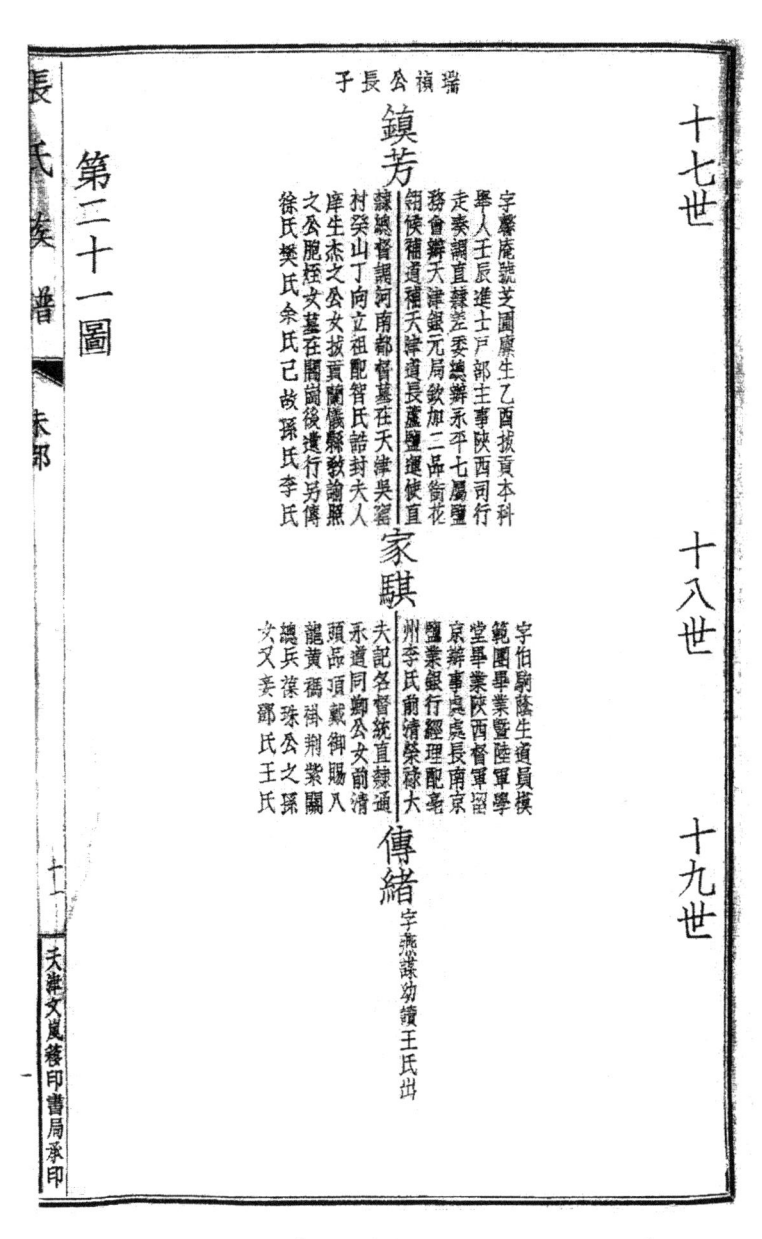

十七世　　　十八世　　　十九世

镇芳 端馨公长子

字馨庵号芝圃廪生乙酉拔贡本科举人壬辰进士户部主事陕西司行走癸卯直隶差委总办承平七属盐务会办天津银元局钦加二品衔花翎候补道署天津盐运使直隶总督调河南都督墓在天津吴窑村癸山丁向立祖配智氏诰封夫人庠生杰公女拔贡兰仪县教谕照之公脆柽女墓在阎崁后迁行芳传徐氏樊氏余氏已故孙氏李氏

　　家骐
字伯驹荫生道员模范团毕业暨陆军学堂毕业陕西督军署京辨事处长南京盐业银行经理配亳州李氏前清荣禄大夫记名督统直隶通永道同卿公女前清头品顶戴御赐入龙黄马褂翔紫阙总兵葆祯珠公之孙女文奕鄢氏王氏

　　　　传绪 字燕荪筠穆王氏出

使，又署理过直隶总督兼北洋大臣，民国初年曾任河南省都督兼民政长。时遇白朗起义，因镇压不力，被袁世凯撤职回京。1915年成立盐业银行，任董事长，1917年参与张勋复辟活动，失败后被逮捕判刑，后保外就医，从此离开政坛。

对于张镇芳政治活动所经历的风云变幻，成败得失，历来评价不一。但因为研究张伯驹生平，我自是需要关注。我看了不少相关书籍，有人说他倒行逆施，滥杀无辜，一意孤行，创设盐业银行，为袁世凯改行帝制卖力鼓吹，又成为张勋复辟事件中的核心人物之一，如此等等。但我觉得，还是寓真先生在《张伯驹身世钩沉》一书中对张镇芳的政坛作为、心路历程的评述与理解较为中肯。

《张镇芳诗抄》封面和第1页

他说：

> 张镇芳在我国近代史上，是一个值得关注的人物。著名的天津长芦盐场，是在清朝末年由张镇芳主管期间，驱逐了俄、法、日等外国人的侵犯，理顺体制，拓展规模，至今作为我国海盐产量最大的盐场，不应该忘记张镇芳当年所奠定的基础。袁世凯任直隶总督、北洋大臣期间，设法收回被英国人霸占的开平煤矿，当时出面与英国人交涉的，正是时任天津道台的张镇芳；后来因在伦敦诉讼未果，国人另办滦州煤矿，迫使英国人同意成立合营的开滦矿务总局。这个联办合同，正是在张镇芳担任直隶总督时签订的，可谓是近代史上最早的中外合同之一。接着张镇芳调任河南都督，又参照开滦煤矿的办法，将英国人独占的卫辉煤矿改制为中英合资。辞去河南总督回京之后，张镇芳创办了盐业银行，该银行成为我国北方第一家商业银行。这些都是在中国近代经济发展史上，值得大书一笔的勋绩。（寓真：《张伯驹身世钩沉》，三晋出版社，2013年版，第9-10页）

在论述张镇芳镇压白朗起义及袁世凯称帝事件中的表现时，寓真先生又说：

> 张镇芳熟读诗书，深谙孔孟教义，他不会不考虑如何保持自身的名节。历史上的关羽，在对刘备和曹

张镇芳《项城县志序》手迹（清宣统三年）（首页与末页）

操两方的关系上，处置适当，因而赢得了千秋忠义的名声。镇芳处在清朝和袁氏之间，也有"忠"和"义"的矛盾，实在是进退两难的事情。清朝有恩于他，"忠臣"的"士节"是他所遵循的一条根本的道德原则；袁氏背叛清朝，他不应当趋附，但袁氏亦有恩于他，如果断然与袁氏决裂，亦有不义之嫌。袁世凯让他去河南出任都督、报效故里，他不去似乎不合适；既去了河南，必欲稳定局势，而杀戮革命青年已遭人怨，如果继续默武镇压白朗起义，为袁氏卖命到底，当然更不合适。所以，他只有婉言谢职。

袁世凯急于扑灭起义烈火，知道张镇芳已经不能依靠，不得不下令以张镇芳"近为中外攻击甚力"为由，撤去张镇芳的职务，另派陆军总长段祺瑞前往开封坐镇督战。而到达开封指挥"剿匪"的段祺瑞，并不想独担此任，他想拉住张镇芳作个臂膀，因而致电袁世凯，要求留下张镇芳"会办剿抚事宜"，以期和衷商榷，共济时艰。但镇芳已经以"面见大总统禀陈要事"为由，回到北京。

白朗起义既是发于河南，张镇芳身为河南总督，当然明白自己此时此刻对于袁世凯担负着怎样的责任，他电请总部调兵"痛剿"，实际已有规避之意；及至辞职时，在辞呈中虽然有"渥荷知遇，又不忍事外逍遥"的表白，而正在与白朗激战的关键时刻辞职，实际是表明了他对袁世凯不予配合的态度。后来在袁世凯称帝时，镇芳的态度也较为消极。但到张勋出来为清朝复辟的时候，镇芳却是一个积极支持和参与者。有人批评他这样做是本末倒置，认为力保袁世凯才是他应有的态度，而匡复清朝是他的错误。墓志铭的作者针对这种非议，写道："此岂足知公之心者哉！"这句话写得非常有见地，解成一句白话，即是说：这样的议论，哪里真正懂得张镇芳的一片忠心呢？(同上书，第27—28页)

家世背景 ·023·

最后，寓直先生这样评价张镇芳：

其实，张镇芳是一个真正的儒士。纵观他一生行藏，显然深受正心诚意、格物致知的儒家思想熏染，在云翻雨覆的政治舞台上，他一直在寻求着合乎忠信礼义的道德规范的人生归宿。伯驹的学习成长，以至成家立业，无不受到张镇芳的深刻影响。伯驹对于张镇芳的一生事业，以及其人格器识和政治态度，都是完全赞成和非常之崇敬的。

张伯驹的文化品格的养成，一个重要因素便是得益于家学，及其家族的文化精神的传续。（同上书，第10页）

寓真先生说得对，"在近代史研究中，对于张镇芳这个人物至今没有引起重视，而且由于某种教条主义的概念，很容易形成对历史人物的误解和偏见。概念化、公式化的评骘，只会把张镇芳当作一个反动政客，对于他的政治作为和人品作了贬低和歪曲"。（同上书，第10页）

我非常希望学界对张镇芳有更客观更深入的研究。

寓真《张伯驹身世钩沉》封面（山西人民出版社2013年版）

张镇芳和他的大家庭

张镇芳善于理财，同时又敢于同欺负中国的外国人作斗争。在中国近代史上，著名的天津长芦盐场，就是在他主管期间，驱逐了俄、法、日等外国人的侵犯，理顺体制，拓展了规模，年收入盈余白银五六十万两，当时舆论认为如此成绩是很不容易的。长芦盐场至今仍是我国海盐产量最大的盐场。

1902年，袁世凯葬母回天津，派张镇芳担任银圆局会办兼总办永平七属盐务。张镇芳理财有方，名声大振。袁世凯就保奏他为天津河间兵备道道台，再授长芦盐运使，并主办中英合资开滦煤矿。因此升为二品京堂，擢升湖南提法使，但由于直隶总督陈夔龙上奏留任未去湖南。

张镇芳还热心办学和文化事业。他曾经捐资在保定创办优级师范学堂，鼓励家乡青年前往保定上学，并负担他们的食宿和学费。项城及淮阳一带的学子多有借此而成才的。1907年，张镇芳又为家乡捐银六万两，建立了百冢铺师范学堂。1909年，河南受灾，张镇芳特捐银四千元救灾，一半给项城，一半给河南其他灾区。1912年，他任河南都督,当年春,河南教育总会会长李时灿与河南提学使陈善同等人纷纷上书当局,力陈办学之必要。不久,张镇芳咨河南省临时议会议定,筹设一所培养留学生的预备学校,主要学习外语。这就是河南大学的前身——河南留学欧美预备学校的创办。

张镇芳还于宣统三年(1911),捐资续修《项城县志》。项城自康熙二十九年修志之后,二百年间,志书失修。张镇芳遂请地方名士杨凌阁、施景舜等为主笔,续修项城县志,所需经费全由自己资助,把周口黄杏樵的杏园作为修志寓所,县志修成后又亲为其作序,这部《项城县志》已成为研究项城地方历史的宝贵资料。

张伯驹的儿子张柳溪曾亲自撰文,叙述他爷爷张镇芳和他的大家庭,为叙述方便,下面内容就是摘引的张柳溪的文章《我爷爷张镇芳和他的大家庭》,他说:

> 我爷爷在清朝曾长期在天津做官,所以很早就在天津安了家。尽管他后来担任过拱卫京师顾问朝政重责、位居疆臣之首的重臣直隶总督,但时间不长,因此一直居住在天津。后来由我爷爷创办并担任总经理、董事长的盐业银行的主要业务也都在天津。天津盐业银行的建筑非常壮观华丽,比北京盐业银行强许多,就是和当时在天津的外国银行相比也是更高一级的。
>
> 当年我们天津的家在英租界10号路英国球场的西边,我记得门牌是165号,抗日战争胜利后改为保

定道22号。那是一座坐北朝南的大宅院，那座宅院临街是一排平房，大门位于平房的中间，大门东西两侧各三间房，西边的平房连着一个车库，平房后面是几米深的一个小院。小院当中是一条宽两三米的走道，走道两旁种着非常大的海棠树，树荫几乎能覆盖大半个小院。小院北边种着一排三米高的小松树，松树后面又是一排平房，这排平房的台阶有五六阶，房子前后都有走廊。这排平房的中间是过堂门，东西各有三间大房间，两头还带有向南的拐角房。过了这排平房，后面是十来米深的大院，大院北面是在十几阶台阶上盖起的两层楼房，大院平房后面有一排蓉花树，楼房前面的东西两头各种有几棵高过楼顶的大槐树。大院中间放着一排养着金鱼的大鱼缸，东西一人多高的花墙边种着花草，到了秋天还会在楼前摆放几十盆菊花。那座两层楼房的台阶上是一条两米来宽、有水泥柱支撑的前廊，前廊的东西两头各有一个亭子间和后面的房间相连，亭子间的南面是六面型的，突出在廊子外面。廊子后面就是一层前后两排各二十平方米的十间房，前排中间一间是公用的大厅，东西各两间住房。后排中间是楼梯间，两侧也是各两间住房，但这两间住房在北面用玻璃门帘隔着一条一米多宽的廊子。二楼的结构基本和一楼相同，只是二楼的廊子是用墙封闭起来的。出了这座楼，隔两三米又是一排七间的平房。从楼房二楼楼梯间出来，用木板架了一个由三四米见方的平台，平台的北头架在了后面

家世背景 ・027・

平房的房顶上,南头则是由两侧各三根木柱子支撑,平台的东西两侧都有楼梯可以直通地面。从前面沿街的平房到最北面的这排平房是一跨长方形的宅院,宅院外的东面有一条通道直通跨院北墙根。通道足有两三米宽、水泥路面,是汽车通道。通道东面是一排坐东朝西的平房,平房临街的位置是车库,紧挨着后面是八间房,八间房的后面是一个停车场,场地后又有一个车库,再后面是五间平房。在临街七间平房的西面也是一个车库,车库后面有一条可通往北头房后面的后花园。花园很大,好像比足球场还大一些,花园东西墙内两侧种着槐树,南边有一座葡萄架和一座藤萝架,种有十多棵葡萄树和藤萝。藤萝架北面三四米远是一个秋千,靠花院北墙是一座三四间房大的花窖,东边也有一架葡萄,西边是几棵桑树。

  我们这个大家庭除去以我爷爷为主以外,就是他的夫人。我爷爷先后娶了五位夫人,五位夫人中只有五夫人不是河南人。原配大夫人和三夫人过世早,我和我的母亲都没有见过。二夫人姓王,在我还是幼儿时期她就去世了。五夫人姓于,在我爷爷故去后第二年死去。只有我称为四奶奶(后来称为奶奶)的四夫人孙善卿活到20世纪60年代。我四奶奶很能干,也会争宠,深得我爷爷的宠幸。我四奶奶和爷爷住在二层楼前排一楼东边的两间房和一个亭子间,二奶奶住在后排一楼东边两间,五奶奶住在后排一楼西边两间。我爷爷是个很严肃的人,对自己、对他人要求都很严格，可能是由于我爷爷是在曾祖的严格要求和教育下学而优则仕的，并且在官场多年，已对清代官场品级的严格规定习以为常的缘故，因此，即使在他年近七十时仍然每天长袍马褂、帽子穿戴得整整齐齐，腿带系得平平整整，鞋也干干净净，坐着走着腰板都是挺得直直的，看起来非常精神，非常严肃。我爷爷虽然看起来很严肃，但从不训斥人。每天他在自己的居室里吃过早点后，就到前院平房他的客厅中去看书看报，如果有客人来访他就在那里接待。不过我小时候爷爷已经近七十多岁，早已离开官场，原来官场上的同僚也多半年事已高不再出门，故而来访的客人多是盐业银行的经理和高级职员，也是有事或年节才来拜访的。我爷爷在那些年代除了看书看报以外，主要就是编印了我们张家的家谱，家谱包括了我这一辈，按张家的辈分我是"传"字辈，我记得在家谱里我的名字是传绪，字燕谋，没有柳溪这个名字，柳溪是我爷爷给我起的小名。家谱是线装的，原来我四奶奶保存一份，我父亲保存一份，四奶奶去世后她那份家谱也应该是由父亲保存，但现在我也不知道家谱哪里去了。

我爷爷七十大寿时，我们家曾经大宴宾客为我爷爷庆寿。当时在我们楼前院里的东南角搭了戏台，请京剧和曲艺演员在傍晚演出，当时我还不喜欢京剧，也不知道演了什么，听我妈妈说是"马前泼水""朱买臣休妻"，开台的戏是"跳加官"。但是我还记得我奶奶和妈妈都喜欢曲艺，让曲艺演员到我们的大厅里演，我还记得那时候常连安带着只有十几岁的小蘑菇，还有一个唱《莲花落》的叫荷花女的十几岁女孩一起演出。

  我爷爷曾身居高官又家财万贯，但生活并不奢侈，虽然家里每天中午为全家和客人准备一桌十分丰盛的饭菜，但是他并不喜欢，他喜欢让人给他自己和我四奶奶弄点清淡的饭菜吃。他虽然离开河南多年，但更喜欢河南的一些家常饭菜，比如河南人常喝的高粱面糊糊，他特别喜欢吃鲜荆芥苗，用来做面码或做汤，所以我们家每年都要在后花园种上两三畦荆芥，后来我们家都喜欢吃荆芥。但是我没见过、也没听说过别人的菜里放荆芥苗的，这大概是河南人的吃法。

  可能我爷爷因为祖辈也是自耕自种的农民，靠节俭过日子，所以特别注意节俭粮食，从来都以珍惜节俭粮食教育家人，要求面食米饭吃多少拿多少，不能剩饭，不允许掉渣子、米粒，在我小时候就教会我"锄禾日当午"那首诗了。我爷爷还是个非常乐善好施的人，在张勋复辟后，近畿发生水灾，熊希龄当时为近畿水灾赈务督办，托人与我爷爷商量以我父亲的名捐赣交通票（纸币）、现洋各十万元，熊即以此款办香山慈幼院收留水灾难童，并在慈幼院建了一座以我爷爷名字命名的镇芳楼。我爷爷在天津每年都要向救济难民的粥厂等慈善机构捐助钱款棉衣，当时和我们沾亲带故并来往密切的倪嗣冲家有一个厨师，厨师有家传的熬制烫伤膏药的秘方，那种膏药很有效，不论多严重的烫伤,只要抹上膏药几天就能痊愈不留疤痕。我爷爷经常拿钱给他,让他熬出烫伤药膏放在我家门房,遇有烫伤的人,有求必应保证医好为止。

在我们的大家庭中,除了爷爷(张镇芳在张家排行第五,被称为张五大人)这一家人以外,还有六爷爷一家人。我六爷爷叫张锦芳,在张家大排行中排行第六,他和我爷爷是亲兄弟,两人从小一起读书,一起参加乡试,但六爷爷没有中举,所以一直也没有做官。后来我爷爷给他捐了个官,既不拿薪水也不到任,只是个名义。后来他也没有从事其他事业,也没有收入。

我六爷爷有两位夫人,原配夫人我称为六奶奶,姓崔,是河南杞县人。六奶奶生有子女,我父亲张伯驹即是六奶奶所出,从小过继给我爷爷张镇芳的。六奶奶的女儿张家芬虽然没有正式过继给我爷爷,但是她也称我爷爷、奶奶为爹、妈。我爷爷也把她当作女儿一样看待,照顾着她的一切。她后来由我爷爷安排嫁给一个周口的姓刘的武官后代,嫁妆和房子都是我爷爷给置办的。六爷爷的二夫人我称为六姨奶奶,姓杨,是项城人。六姨奶奶比我妈妈只大几岁,有一个儿子叫张家骏(字叔聪),就是我的小叔叔,小叔叔只比我大七个月。在我们的大家庭里,六爷爷和我爷爷的待遇完全一样。六爷爷和六奶奶住在楼房的一层前排西边的两间和亭子间内,六姨奶奶和小叔叔住在二楼后排东边的两间房里。(张柳溪:《我爷爷张镇

芳和他的大家庭》，项城市政协编：《张伯驹先生追思集》，紫禁城出版社，2011年版，第49—54页）

上面就是张柳溪所著文章的原文。

张镇芳和袁世凯的亲戚关系

前面说过张瑞桢是张伯驹的祖父，张瑞桢还有一个哥哥叫张大木，字梁村，太学生出身，诰封光禄大夫。张大木生四子二女。其二女儿嫁给了袁世凯的大哥袁世昌。张镇芳喊张大木为大伯，大木的二女儿也就是张镇芳的堂姐了。她嫁给了袁世凯的大哥袁世昌，就使张镇芳与袁世凯有了姻亲关系。袁世凯的子女如袁克文等就喊张镇芳为"五舅"；张伯驹就喊袁世凯为"四伯"。

张钟芳

其实，袁世凯与张镇芳还有一层姻亲关系，鲜为人知。即张镇芳有个大排行长兄，叫张钟芳。《项城张氏族谱》记载：张淑颜，字效渊，后改名钟芳，字毓庵，太学生，邑附贡生、候选教谕，赏五品顶戴，配袁氏保毅公长女，江苏候补道保基公胞侄女，慰廷总统之堂妹，继配赵氏。这里所说的"慰廷总统之堂妹"就是指袁世凯的堂妹

家世背景 · 033 ·

第十圖

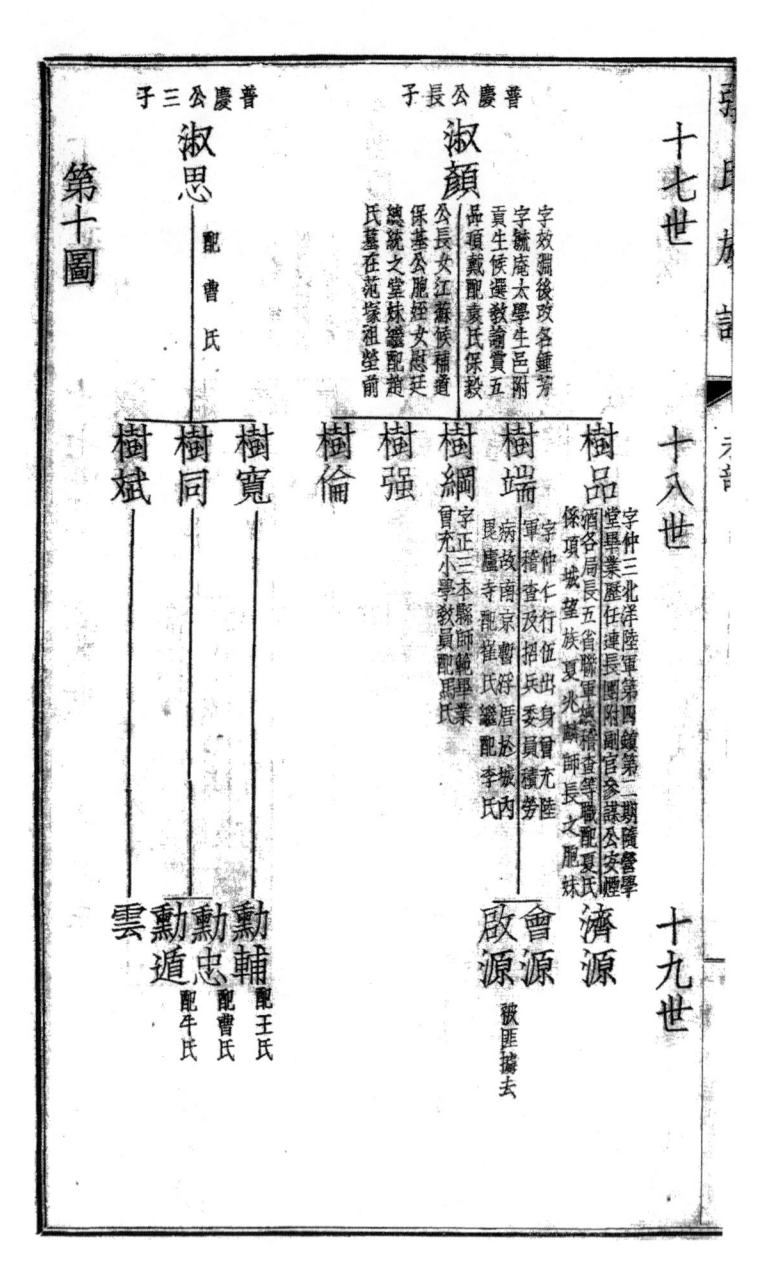

十七世

淑顔 普慶公長子
淑恩 普慶公三子 配曹氏

十八世

字效彌後改名鍾芳
字毓庵太學生邑附
貢生候選敎諭貴五
品頂戴配豪氏保教
公長女江蘇候補道
保基公賍經女感延
總統文堂姝繼配趙
氏墓在范塚祖塋前

樹品 字仲三北洋陸軍第四鎮第一期隨營學堂畢業歷任連長團附副官參謀公安陸軍警察局長五省聯軍總司等職配夏氏條項城鎣族夏兆麟師長女胞妹
樹端 字仲仁行伍出身曾充陸軍稽查及押兵委員積勞成病故南京曹浮屠城隍廟配崔氏李氏
樹綱 軍官配顧氏
樹強
樹倫
樹斌
樹同
樹寬 字正三本縣龍學校員充小學敎員配焦氏

十九世

濟源
會源
啟源 歉匪擄去
勳輔 配王氏
勳忠 配曹氏
勳遒 配牛氏
雲

《項城張氏族譜》有關張鐘芳的記載

袁氏。现今，张钟芳和继配赵氏的孙子张勋亮还健在，已经85岁，退休前为项城县文化馆副馆长，是项城知名的豫剧演员。

张镇芳和袁世凯有亲戚关系，感情上就近了一层。所以当袁世凯被清廷开缺，潜去天津时，张镇芳即赠给袁世凯白银三十万两。后来有人说张镇芳是袁党，张镇芳回答说："不惟为袁党，且有戚谊。"这种戚谊关系其实是说不仅是张家女儿嫁了袁家，也是说袁家女儿也嫁给了张家。

张伯驹晚年时写有一首诗，就是说的这件事：

霹雳一声祸有因，包车风帽到天津。
姻亲不避层层觉，赠与存馀卅万银。

张镇芳与袁世凯的亲戚关系，当然对张镇芳的仕途发展是有利的因素，但并不是如某些人所说的，张镇芳以同乡兼姻亲关系攀附袁世凯而飞黄腾达。又说什么张镇芳攀上了袁世凯的关系，因而显赫发达，等等。其实他靠的主要还是自己的才干。

张镇芳在清廷任职时还是一个"穷京官"，也并不贪腐，他如果贪赃，在户部捐纳房最具有贪赃的机会，何至于是一个"穷京官"？他后期家产巨大，主要是他离开政界以后，成立盐业银行，恰得商机，遂成富家，并不是靠贪赃发家。但有人说"张镇芳之贪腐"，亦是当时官场风气，并引陈寅恪所论"晚清政局清流浊流之分"，以证明张镇芳之贪腐。这种论述是缺乏说服力的。

还是寓真先生说的好，他在《张伯驹身世钩沉》中说："清末民初，法治方兴，舆论渐开，政风也不见得就是一片黑暗，大可不必以当代官场上的某些现象去臆测前人。"（寓真：《张伯驹身世钩沉》，三晋出版社，2013年版，第18页）

再说一下张伯驹拜见袁世凯的情况。那是1915年春节前，张伯驹在陆军混成模范团学习，放假在家。张镇芳便安排他去给袁世凯拜年。袁世凯在中南海居仁堂召见张伯驹。当时张伯驹给袁世凯磕头，袁世凯双手将他扶起，细细端详，看张伯驹个头足有一米八，风度翩翩，举止文雅，面孔英俊，不禁高兴地问张伯驹愿不愿到府里（总统府）当差。张伯驹回答说，正在模范团学习呢。

张伯驹看到大总统如此礼遇自己，心里很是受用。当他回到家里，袁世凯所赐的礼物已经先送到了。他自己承认，他从来没服气过谁，但经此一事，英气顿消，他有一首诗叙述此事：

拜贺春元纪岁华，皇恩始感浩无涯。
褒嘉数语消英气，赐物先人已到家。

捐款救父亲

1917年,张伯驹从陆军混成模范团毕业,先到陕西督军陆建章部下任职。不久,陆建章被驱逐,张伯驹又到蚌埠倪嗣冲(安徽督军)的安武军全军营务处任提调,后安武军改为陆军,又任长江巡阅使署咨议。倪嗣冲是北洋将领,与张镇芳是旧交,亦有亲戚关系。1920年,倪嗣冲病故,长江巡阅使裁撤,张伯驹再次去职。

1917年,张勋复辟,张镇芳参与其中,复辟失败后,张镇芳被逮捕下狱。在审判中,他表现出"世受君恩、忠于故主"的态度,认为恢复清朝是他的责任。这当然是错误的。后来又移交大理院审理。在审理过程中,盐业银行北京行经理岳乾斋为张镇芳奔走周旋,特聘律师汪有龄出庭为张镇芳辩护。这时,张镇芳的旧部王祖同,他也是河南人,与曾任国务总理的熊希龄一起为救张镇芳奔走。

这一年,北平、天津及河北一带连降暴雨成灾。熊希龄任赈灾督办,负责水灾河工善后事宜。他们就说服张伯驹,捐款赎罪,于是张伯驹就以张镇芳的名义捐款40万元用于救灾。结果是通过岳、熊、王的多方通融,将张镇芳判处无期徒刑，送交监狱执行。时隔两天，又以保外就医为由，将张镇芳移住首善医院。到年终又奉指令发往"军前效力"，他同雷震春起程前往湖北报到。到了汉口，督军王占元在督军府设宴招待，住了三天，然后返回北平，又住医院。直到1918年12月，倪嗣冲给总理王士珍发电报，请求对张镇芳法外施仁。第二天，大总统徐世昌就签发了"暂行开释"令，到此时，张镇芳才回到天津家里，住在医院有一年多时间，不是像外界所说，从湖北回来就回家了。

1920年秋，熊希龄用这笔钱作为基金在北京开办香山慈幼院，作为灾区收容孤儿的费用。慈幼院有一座主楼被命名为"镇芳楼"，作为张镇芳捐款的纪念。这座楼现在还在，楼身不太高大，木质结构，红漆柱子，顶梁上有彩绘。楼门东边前墙上，嵌有一方青石，石上竖式镌刻着"镇芳楼"三个大字，上面记载着张镇芳捐款办香山慈幼院的事迹。1974年，张伯驹已77岁，又重登香山，写了一首词。

弟弟和妹妹

张伯驹弟兄三人,他有两个弟弟,一为家骙,一为家骏。

张家骙,字仲骧,曾在河南省农商部任职。其妻姓高,名高之静,项城秣陵镇人。岳父高鸿善,曾任河南省财政厅厅长。高之静19岁时嫁给张家骙,与张家骙生一女,此女两岁时夭折。1924年3月,张家骙因病去世。张高氏哀痛过度,痛不欲生,并说,若我女儿不殇,我还有指望活下去,如今我处孤寡之地,方寸已乱,如以清白之身殉夫而死,请家人谅我苦衷。家骙死后不足半月,其妻便殉夫而死,令全家人不胜悲痛。

家骙夫妇去世后,张锦芳已无男孩,张伯驹虽是张锦芳亲生儿子,但已过继给张镇芳。于是隔了两年,张伯驹又劝其六叔再生一子。张伯驹曾说过,为人要正直,要讲良心,如果不劝他六叔再生一子,那么,他就是张镇芳、张锦芳家业的唯一继承人了。但他还是劝他六叔再生一子。

张锦芳后纳杨慧仙为妻,1926年,杨慧仙生一子,名叫张家骏,字叔骢。

张家骏幼时聪明好学,不但文学功底好,而且字也写得好。1951年,张家骏支边,在新疆参军,在部队文工团任编导,颇有才华。1957年,张伯驹被划为"右派",也影响了张家骏的进步,60年代被遣送回项城县闫楼老家劳动。1978年平反冤假错案以后,又返回北京。张家骏娶妻夏氏,一生育有四个儿子,长子枫溪、次子苕溪、三子兰溪,都是张伯驹给起的名字,其四子乳名小四。现在三子兰溪在文物收藏、鉴定、拍卖行业颇为活跃,是书画鉴定家。

张锦芳妻子杨慧仙,在张锦芳去世后,她回到河南项城老家。土改后,生活困难,就带着儿媳和两个孙子,到北京投靠张伯驹。60年代杨慧仙被下放到了项城闫楼。

张锦芳生有三子二女,长女出嫁后去世。次女张家芬,出生于1902年。在1922年出嫁,改名为刘张家芬。丈夫姓刘,是江北提督刘永庆之子刘沛鸿。张家芬出嫁的嫁妆也是张镇芳给置办的。1951年,张家芬曾提起诉讼,要求与张伯驹分家产。法院经审理驳回了她的诉求。经此一闹,张伯驹与张家芬的兄妹关系就不太好了。

读书生活

少年诗作一鸣惊人

张伯驹幼年时有着惊人的记忆力，朝夕诵读，过目不忘，9岁时已会作诗。"昔时贤文，诲汝谆谆，集韵增广，多见多闻……"张伯驹背诵《增广贤文》非常流畅，让塾师大为惊叹。塾师又特意增加了《朱子治家格言》《千字文》等，但他学起来仍很轻松。这位塾师不由得夸奖张伯驹说，此子聪慧过人，日后必成大器。

张伯驹少年时代作的诗已经失传，我们只知道当年张伯驹有个舅舅叫马丽轩，经常和张镇芳、张锦芳兄弟吟诗和诗，并共同发起成立了诗社，社名叫"丽泽"。嗣后，他们把唱和之诗编选成集，定名《丽泽社诸家诗》刊印。马丽轩曾把这部诗集送给他的朋友——光绪朝进士，翰林院庶吉士的太康人士王新桢。王新桢看过这本诗集，写了一篇文章《读〈丽泽社诸家诗〉后》，对少年张伯驹大加赞赏，他写道："而伯驹，则絧庵（张锦芳）之子、丽轩之甥也，英年挺出，直欲过前人。若《从军行》《天上谣》等作，激昂慷慨，魄力沉雄，有倚天拔地之概。虽老于诗者，未必能办。丽轩称其'素有大志，诗文皆豪迈可喜',信然哉。"可以说老翰林对张伯驹少年时代的诗作激赏有加。

1981年,张伯驹曾经给常君宝写了一封信,信中回忆起旧作两首,其中一首就是九岁初学诗时所作,名为《夏日即事》:

偶步芳园里,清凉夏日天。
轻风吹竹剪,细雨打荷钱。

新学书院

张伯驹六岁时被过继给张镇芳。张镇芳就把张伯驹带到了天津家里。不久就开始考虑张伯驹的教育问题。当时科举考试刚刚废除,新式学堂匆匆兴起。张镇芳大量捐资兴办新学,但对自己的儿子,开始时仍是沿用旧式家塾教育。塾师对张镇芳夸奖张伯驹,说:"此子聪慧过人,日后必成大器。"张镇芳听后心中大喜。后来传说张伯驹九岁即能作诗,应该是真的,但我们并没有见到过

青年时代的张伯驹

《骊山华清宫吊古词书画扇》（张伯驹作　钤印：春游主人）

张伯驹幼年时的诗作。后来听张伯驹说过，塾师教学都要求背诵，同时极为重视作诗、联对。张伯驹一生擅作联对，特别是他晚年时，打诗钟、作嵌名联，更是快捷，而且优美。有人称他为诗钟"圣手"。我想，他这种艺术技巧，就是幼年时代打下的基础。

那时的私塾教育是很重视道德修养教育的，当然这种道德修养还是中华传统的"忠、孝、节、义"一类的儒学教育。张伯驹有时讲到那时塾师讲课的情景，就是先生正襟危坐，口口声声圣贤如何"教子要有义方""读书志在圣贤"。后来他又用这些思想教育子女。

张伯驹在《春游琐谈》中有一篇文章《五子》，他写道："余七岁入家塾上学，始读《三字经》，塾师命生记硬背，中'窦燕山，有义方，教五子，名俱扬'，至今不忘，当时则不知其义。"

1911年，张镇芳送张伯驹入新学书院读书，新学书院是由伦敦公理会教派传教士团体创办的教会学校，位于天津法租界大沽路马家口，也就是法租界的法国花园（抗战胜利后为天津市中心花园）附近。课程包括物理、化学、世界历史、地理、数学等。当时，国学大师、教育家、南开大学创办人严范荪先生正在新学书院任教，对张伯驹的教育是很用心，也很严格的。下课后，张伯驹就到国民饭店吃饭。国民饭店也在法国花园附近，张伯驹经常在那里吃饭，家里和国民饭店只需在年节前结账。张伯驹就是在那时候养成吃西餐习惯的，国民饭店楼上是高级客房，张伯驹后来也经常和袁克文在这里吟诗、填词、唱戏。

袁世凯死后，有一年，张伯驹与袁世凯四、五、六、七、八诸子同车往河南彰德府（今安阳市）洹上村，为袁世凯正室于夫人祝寿。在车上谈到袁世凯在历史上可比何人，四子克端说，操可比；五子克权说，可比桓温……张伯驹晚年在《续洪宪纪事诗补注》中有一首诗写道：

三公四世竟忘恩，不恤遗羞到子孙。
青史千秋谁得似？阿爹端合比桓温。

张伯驹为什么要到这所学校学习呢？主要是因为袁世

凯让其四子克端、五子克权、六子克恒、七子克轸到新学书院读书，张伯驹是去陪读的。在新学书院，张伯驹接受了新学教育，培育了新的时代理念，对他的成长和知识结构以及他对传统文化观念的认识，都是大有作用的。例如他作词，已有很多清新的白话语言了。但他在新学书院学习期间，也没有放弃对古籍经典的学习，对于史书、古文、古典诗词尤其刻苦钻研，积淀了深厚的国学根基。

在新学书院学习时间不长，张伯驹转入政法学堂学习，不久肄业。1912年，张镇芳任河南省都督兼民政长，张伯驹又随父亲去河南开封，入河南陆军小学学习。1914年末，张镇芳辞去河南省都督一职回到北平，张伯驹也随父亲回到北平。第二年考入袁世凯创办的中央陆军混成模范团骑兵科学习，1917年毕业。这就是张伯驹读书时代的大致经历。

少年看戏竟入迷

人们常说,人过四十会听戏。意思是人在青少年时期一般不大懂戏,不会看戏。主要是耐不住性子,听着那老旦、老生咿咿呀呀地唱,总感到剧情太慢,令人着急。然而,张伯驹却是从小时一接触戏剧,就爱上了戏剧的,也正因为如此,他后来成了京城著名的京剧票友,而且在戏剧理论方面,也作出了重大贡献。

张伯驹在六岁时被过继给伯父张镇芳的,于是,幼年的张伯驹便离开了项城农村,随父亲来到了天津生活。天津作为当时京剧演出的一个重要码头,很多名角在此演出,他就有了接触戏剧的环境和机会。他第一次看京剧是在天津的下天仙茶园。

这场京剧是杨小楼演出的《金钱豹》,这时张伯驹才七岁。"亮相扔叉,威风凛凛"给幼年的张伯驹留下了终生难忘的记忆。他七十七岁时曾写过一首诗,记述这次看戏的印象:

油布遮车驶铁轮,端阳时节雨纷纷。
飞叉大闹金钱豹,凛凛威风欲夺魂。

从此，天津的茶园没有他不去的，且看起戏来常常乐而忘返。张伯驹所记的端午观剧的剧场有着当时天津最先进的设备，电灯把剧场照得雪亮；演员的服装非常鲜艳漂亮，更是乡下剧场所不能相比的。这以后，张伯驹陆续在天津、北平看了不少名角的演出，包括孙菊仙、谭鑫培、刘鸿声、白文奎，还有"小小余三胜"时代的余叔岩。另外，武丑张黑、武旦九阵风、刚出科的青衣尚小云等，他都看过。他也看过其他地方戏。

不过，那时张伯驹年纪还小，还不能透彻地欣赏所看过的戏。所以，他曾说过："余十一岁时……偶过文明茶园，见门口黄纸大书'谭'字，时昼场已将终，乃买票入园，正值谭鑫培演《南阳关》，朱粲方上场，余甚欣赏其脸谱扮相，而竟不知谁是谭鑫培也。"他还说："当时谭、刘、孙齐名，但余在童时尚不懂戏，孰为高下，则不知也。"

张伯驹那时对戏剧虽不能深入理解，但天性的喜好却使他学会了一些演员的唱法唱段，例如，他学会了孙菊仙的唱法，他说："余七岁，曾在下天仙戏院观其演《朱砂痣》，当时即能学唱'借灯光'一段，至今其唱法尚能记忆。"他还喜欢上了山西梆子老生元元红的演唱，在《红毹纪梦诗注》中曾说："元元红山西梆子老生唱法，人谓其韵味醇厚，如杏花村之酒……余曾观其演《辕门斩子》，其神情作风，必极精彩。惜在八九岁时，不能领会。惟尚记对八贤王一段唱词如下：'戴乌纱好一似愁人的帽，穿蟒袍好一似坐了监牢。蹬朝靴好一似绊马索，这玉带好一似捆人的绳，不做官来不受困，食王的爵禄当报王的恩。'"

年仅八九岁的张伯驹自然无法领会这段唱词的含义，但这段唱词却似乎暗示了张伯驹虽长于官宦人家，最终还是选择了"不做官来不受困"，远离官场的人生道路。

为什么弃戎从笔

1915年,张伯驹考入中央陆军混成模范团骑兵科。当时袁世凯以陆海军大元帅兼任团长。

张镇芳让张伯驹考入军校,不排除可能有在军队当军官"光宗耀祖"的想法,因为这在旧社会是很平常,基本上属于"望子成龙"的传统思想。但张伯驹从考入军校,到他离开军队,其思想有一个转变的过程。

张伯驹入军校后,也一度同其他爱国青年一样,向往那金戈铁马、碧血沙场,有过建功立业,以报国家的雄心。所以,他毕业后先到陕西督军陆建章部下任职,不久,陆建章被驱逐,又到蚌埠倪嗣冲(安徽督军)的安武军全军营务处任提调,后安武军改为陆军,张伯驹又任长江巡阅使署咨议。1921年,张伯驹又任河南省暂编第一师参谋,四省(湖北、湖南、四川、江西)经略使署咨议(名誉职务),经略使为曹锟。前面已经说过,1923年,张伯驹因不久前京畿发生水灾,曾以张镇芳名义捐款40万元而受到赈务督办熊希龄褒奖,并被授予二等大绶嘉禾勋章，以简任职分发陕西，任陕西督军署参议兼驻京代表。对这段生活，张伯驹曾在《秦游词》序中说过："余少年从戎入秦，宝马金鞭，雕冠剑佩，意气何其豪横。"

但在军队时间一长，张伯驹看到了旧军队上层的腐败，他看不惯军界彼此钩心斗角、互相倾轧、争权夺利的卑鄙行径，更厌恶上层人物在权贵面前奴颜婢膝，对百姓却敲骨吸髓的恶行，也不满军阀那套腐败生活，对军队生活渐生反感，更对军阀混战、生灵涂炭的局面感到无奈和悲愤。这一点在他写于1927年的词《八声甘州·三十自寿》中反映得很清楚，他说，"秦关百二，悔觅封侯"，"更江南，落花肠断，望连天，烽火遍中州"。这些话已可见其对旧军队不满和忧国忧民之心。

不久，他在一首词《凄凉犯》的小序中更坦率地说："壮岁从戎入秦，虽滥得勋赏，狗尾羊头，殊不抵画眉妆阁也。"真实地表露了他对旧军队生活的愧疚、轻蔑和厌倦之情。

在这种情况下，张伯驹毅然退出了军界。

张伯驹退出军界，与袁世凯的亲戚关系及袁的去世没有任何关系。张伯驹从军校毕业时是1917年，袁世凯已死去一年多。1924年，张伯驹27岁，已任陕西督军署参议兼驻京代表，职务已相当于旅长了，他还那么年轻，如果想继续往上升，未必不会再升迁。其实，张伯驹早年就反对袁世凯称帝，并对袁世凯有过讽刺的，如他在《续洪宪纪事诗补注》中两首诗：

> 跟跄列队大街游，请愿高声索报酬。
> 向背人心何用问，真民意最爱袁头。

这是讽刺袁世凯想当皇帝而让群众上街游行又发报酬的。

> 群言举世已滔滔，假印刊章孰捉刀？
> 袁氏家规惩大过，一场戏演打龙袍。

这是嘲笑袁世凯惩戒袁克定不过是一场闹剧罢了。

所以说张伯驹在袁世凯死了将近十年之后，毅然退出军界，其根本原因是他厌倦了旧军队生活。

张伯驹辞去军职后，回到盐业银行任常务董事兼总管理处总稽核。这是很自然的事，并不是他也没别的地方可去。但张伯驹并不十分看重商业活动，把盐业银行看得也很淡，确实是把更多的精力用到诗词、收藏、戏剧和书画方面去了。至于他是否虚荣，喜欢对外说盐业银行是他们家开的这些话，人们就不太清楚了。

张伯驹离开了军队，他的军服就不穿了。他有一些穿军装的照片，英俊威武，很神气，一副军人气质，可惜，这些照片都在"文化大革命"中被其子张柳溪烧了。张伯驹有一套礼仪服，他很少穿，跟崭新的一样，很像袁世凯穿过的那种元帅服，蓝色的，领口都绣有金线和绦穗，裤缝也有金线。

张伯驹词手稿

还有人认为，张伯驹一辈子好像没干过正经职业，这更是不了解张伯驹或者对职业的定义有误解。张伯驹除了在盐业银行任职，1931年，他和梅兰芳发起组织北平国剧学会，任理事；1946年，被聘为华北文法学院文哲系教授（华北文法学院董事长为李宗仁），并被聘为故宫博物院专门委员；1947年，被燕京大学聘为中文系中国艺术史名誉导师；1950年，新中国成立后，任文化部文物局文物鉴定委员会委员；1952年，在何香凝、郑振铎动员下，以顾问身份到文化部工作；1954年，任北京市政协委员；1957年，被划为"右派"，失去工作；1961年，任吉林省博物馆副研究员、副馆长；1972年，经周恩来总理批准，被聘为中央文史研究馆馆员，直到去世。

张伯驹在任这些职务期间，都是兢兢业业，任劳任怨，做出了很大贡献的。

书法的"鸟羽体"

张伯驹出生于官宦门第、书香世家,从小便受到中国传统文化的熏陶,再加上家长和私塾对传统书法的重视,张伯驹从小就爱上了书法艺术,尤其是喜欢行书与草书。

张伯驹最初是学习王右军的《十七帖》。王右军是谁?就是历史上大名鼎鼎的"书圣"王羲之。《十七帖》是王羲之的代表作之一,是一部书信集。张伯驹越看越觉得《十七帖》笔力雄健,法度严谨,于是,挥笔模仿,日不间断。数年之后,其书法也确实有了功力,行笔刚劲洒脱,具有明显的王羲之书法风格。

40岁以后,张伯驹开始学习钟太傅的楷书。钟太傅即钟繇,三国时魏国人,擅长隶、楷、行三体书,以楷书影响最大。张伯驹曾习传世刻帖《贺克捷表》,为八分楷书。此帖在张伯驹看来,书写自然,风格古朴,茂密幽深,但张伯驹学习钟体数年,仍然长进不大。不过,他逐渐悟出了一个道理,他学王体、钟体,已极其酷似,并且也有功力,唯一欠缺的是神韵,皆因师古而不化所致。

1940年,张伯驹又得到了宋代名臣兼书法家蔡襄(字君谟）的《自书诗》册。可以说，得到《自书诗》册，成了张伯驹书法发展变化的分水岭。

蔡襄的书法也是学习王羲之的，浑厚端庄，婉约淳淡。蔡襄书法，无意求工，书写自作之诗，更是无拘无束，反而在无意之中把王羲之书法的神韵表现得淋漓尽致，成了蔡襄书法的代表作。张伯驹逐步悟出了蔡襄书法的精髓，也渐渐找到了学习王羲之书法的要领，他在习书日记中写道："观此册，始知忠惠（即蔡襄），为师右军而化之，余乃师古而不化者也。""盖取其貌必先取其神，不求其似而便有似处；取其貌不取其神，求其似而终不能似"。

张伯驹由于深受蔡襄《自书诗》册恬淡清雅的影响，其书法在晚年终于进入了妙境，形成了在中国书法界独一无二的"鸟羽体"。

对张伯驹的书法，人们普遍认为其书法线条笔画似乎有一种飘逸的动感，如羽飞燕舞、清妍秀美、婀娜多姿。看过张伯驹书法的人，也多以为其书法姿态优美、独具风貌，认为张伯驹是个很有鲜明个性的书法家。刘海粟的评价很有代表性，他说，张伯驹"运笔如春蚕吐丝，笔笔中锋，夺人视线，温婉持重，飘逸酣畅，兼而有之，无浮躁藻饰之气。目前书坛，无人继之"。刘叶秋也在《张伯驹先生绿梅书画扇》一文中评价张伯驹的书法："书兼行草，圆劲挺秀，卓然大家风范，与画可称双璧，殊足珍贵。"

的确，张伯驹的字既有鸟飞的形似，又有鸟飞的神韵。鸟的飞翔是一种美的形态，是人们的向往，那种随心的飘飞，振翅的昂扬，流线型的滑翔，千变万化皆是美。

张伯驹书法的线条看上去确如鸟在飞翔，自有一种鸟飞的艺术神韵蕴含其中，似乎呼之欲出。有人认为，张伯驹书法艺术的独特成就，源自先生的人品、学识、修养，非只"鸟羽"之貌，也是旁人不易模仿的奥秘。

张伯驹书法作品

"文人画"

在文化界,人们通常认为"书画同源"或"书画一家"。因此,张伯驹在热爱书法的同时,也爱上了绘画。但张伯驹的绘画,则属于"文人画"。

什么是"文人画"呢?

文人画多取材于山水花鸟、梅兰竹菊等常见的自然景物。在创作过程中,作者逸笔草草,往往不求形似,只求神似,借山水草木来抒发感情或表达自己的人生抱负。

文人画是一门综合性艺术,要求画家要集文学、书法甚至篆刻等多方面文化素养于一身。文人画发展到民国,画家陈师曾给文人画做出了一个更加准确的解读,他说:"画中带有文人之性质,含有文人之趣味。不在画中考究艺术上下功夫,必须于画外看出许多文人之感想。"(《文人画之价值》)

陈师曾强调,文人画必须以画家自身所特有的文学性、思想性和抒情性为根本,才能够独树一帜,才能与工匠画和院体画区别开来。他还进一步指出,文人画必须具备四要素:人品、学问、思想和才情。只有具备这四点,才能成为一个优秀的文人画家。对照这四要素，不用说，张伯驹的画，不折不扣的就是文人画。而张伯驹最爱画的就是梅兰竹菊，人称"四君子"。

张伯驹为什么最喜画梅兰竹菊呢？因为这"四君子"最能彰显文人的情操与人品，是历代文人墨客托物言志之物。张伯驹画作的风格多为简洁，淡逸雅致，耐人寻味。他笔下的红梅一枝，风骨卓然；垂杨飞絮，飘逸清远。

但他画得最多的还是兰。兰，古人称为兰蕙，享有"百草之长""花中君子"和"空谷佳人"的美誉。其香清幽，其色脱俗。孔子曾道："芝兰生于深谷，不以无人而不芳；君子修道立德，不因穷困而改节。"（《孔子家语·在厄》）因而，"兰"被视为民族高尚情操的象征。

张伯驹笔下的兰草，自然寄托着自己的寓意和人品的追求。他不愧是画兰的高手，线条流畅生动，常常是寥寥几笔，设色雅致，便画出了兰草婉约宜人的风姿，柔美舒放，有超尘出世之趣，给人以幽邃高雅的纯净感。那种特有的风格是难以模仿的，笔意绵绵，气脉不断，一看便知是张伯驹的手笔，张伯驹又常在画作上题字"楚泽流芳"，更加彰显了清幽娴雅的意蕴、淡泊高洁的情怀，让人真切地有了气若幽兰的感悟。

张伯驹绘画的代表作有《楚泽流芳》《墨兰》《垂杨飞絮》《大地皆春》《菊》《梅菊》《红梅图》《梅兰》《一枝初开》等。

读书生活 · 061 ·

一点小"精明"

张伯驹不善理财，但有时却显出超人的精明。有一年，已经退位的清室小朝廷因为经济拮据，拿出一批宫里的地毯到盐业银行求售。别人看地毯已旧，花色黯淡，都说不要，他却令人全部收下。原来他看出地毯中夹有金线，结果把金线抽出来，就赚了三万多元。

张伯驹视金钱、官位如浮云，但他酷爱传统的文学艺术，他骨子里就是一个文人。他在盐业银行上班以后，实际上却把大部分精力投入传统文化的学习、研究中去了，他此时唯一的乐趣就是读书，对《老子》《墨子》《楚辞》《古文观止》《资治通鉴》、"二十四史"，还有《宋元名家词》《枫香阁词》《苏堂诗拾》《清声阁词四种》等，手不释卷。张伯驹知道很多典故，后来多能熟练地用于联语、诗钟创作中，都是他幼时和这一时期打下的基础。

婚姻家庭

原配"李月娥"

张伯驹十五六岁时,由父亲张镇芳包办了一门亲事,即安徽亳州女子李月娥。李月娥的父亲叫李同卿,是荣禄大夫,记名都统,也是候补道,这就是当时所谓门当户对的婚姻。张伯驹19岁结婚,但李月娥一直没有生育。张伯驹的三夫人王韵缃生下的儿子张柳溪,出生后就喊李月娥为娘,因为她是张伯驹的原配夫人。至于张柳溪的亲生母亲,他则喊妈,这就是封建时代的规矩。关于张伯驹与李月娥等几位夫人的婚姻,张柳溪也写过一篇文章《父亲张伯驹的婚姻》(《世纪》2010年第3期),为叙述方便,直接引用如下:

> 爷爷给父亲办的婚礼很豪华、排场,父亲的结婚礼服类似袁世凯就任总统宣誓时的元帅服,是黑呢子的,领口、袖口和大襟都镶有一指多宽的金线,肩上有金线编织的肩章,裤缝处也镶有一指多宽的金线。我娘穿的是清末民初显贵家庭的妇女常穿的那种绣花短袄和盖到脚面的长裙。这套礼服我娘一直保存在她

的小箱子里留作纪念，一直到她1939年去世后一两年，我妈整理她的遗物时才发现。

我娘纯粹是封建社会的牺牲品，她生在清代高官的家庭里，从小缠足，虽然后来放了但仍然是小脚，她没有受过多少教育，从小受父母的宠爱，总有人侍候，然后受父母之命嫁给我父亲。她在嫁给我父亲之前两人并没有什么交往，更谈不上什么感情，在嫁给我父亲之后，虽然对婚姻抱着幸福的希望（她一直保留着和我父亲结婚时的婚礼服就是证明），但事与愿违。我父亲是在不愿意、不甘心的情况下和她结合的，她没有让父亲欣赏、爱的条件，也不能侍候、照顾我父亲的生活，所以她和我父亲一直没有建立起真正的感情，而且结婚多年也没有生儿育女。

当时，在天津家里楼房二楼东边的两大间和一个亭子间是我娘的房间，只有保姆与她同住。我父亲回天津住在我妈妈的屋子里，很少甚至几乎不去看她，我从小到大，几乎没有见到过父亲去她屋里坐一段时间或和她说一段话。当然她不快乐，身体也不好，她整天不出屋门，连按礼节每日应该下楼给我爷爷、奶奶请安的事也免去了。我爷爷奶奶很体谅她，全家也尊重她，都称她为少奶奶，但很少有人到她屋里看她，只有我妈妈常去看看她，了解她的需要，照顾她的生活，我也要按照礼节去给她请安。她很喜欢我，常常专门给我留些吃的。

她就这样了却了一生，死于1939年，当时天津闹水灾，我和父亲都在北京，她的丧事由我妈妈负责料理，我被叫回天津为她打幡当孝子，父亲没有回天津。

邓韵绮

张伯驹与李月娥结婚五六年,一直没有生育,这让公公、婆婆很着急,他们在等着抱孙子呢。那时候的传统婚姻,注重礼教,注重传宗接代,生不生孩子,对于一个大家族来说,并不完全是男女两人的私事。

在张镇芳的催促下,张伯驹于1921年和邓韵绮结婚。但邓韵绮生了一女,不幸夭折,从此也没有再生育。

下面还是直接引用张柳溪的回忆:

我大妈原是北京的京韵大鼓艺人,韵绮的名字是父亲给起的。当时我父亲经常在北京,先是按照我爷爷的安排在军界做官,后来又在盐业银行任董事之职。父亲在北京时住在西四牌楼东大拐棒胡同内弓弦胡同1号的宅子里,那是我爷爷在北京做官时置办的产业。那个年代,一些富家子弟都是在大家庭里已有妻妾的情况下,再另外买一所房子娶一个女人,成立一个外家,我父亲也不例外。

我大妈当年是唱得好的京韵大鼓艺人,我上大学时她已经四五十岁了，仍断不了哼唱几句。她的长相不算娇艳，也不太善于打扮自己，穿着绸缎衣装也不比别人更美，当年主要是唱红了的。她到底是出身贫寒，所以很会料理家庭生活，她能把我父亲在北京的生活安排料理得很好，北京家里的管家和厨师也能够按照我父亲的需要随时侍候，做出令我父亲满意的丰盛菜肴。

我大妈虽然不是很圆滑，但是也能处理与各方人士的关系，当时在北京的各种场合，都是她陪伴着我父亲，和我父亲来往密切的人都知道她。当年也是她陪伴我父亲去各地游山玩水，如在中华书局出版的《张伯驹词集》中，第11页的《鹧鸪天》和第13页的《秋霁》两首词中提到的韵绮就是我的大妈，这两首词是我父亲带着大妈和朋友一起游玩时，偶有感触诗兴大发所作。那时期我父亲经常带着大妈游山玩水和朋友聚会，即便后来父亲调任上海盐业银行任职期间，每到春暖之后、秋凉之前，仍然经常回到北京避暑，和在北京的文人雅士聚会，吟诗填词作画度曲，这时都是我大妈陪伴左右。（张柳溪：《父亲张伯驹的婚姻》，《世纪》2010年第3期）

因邓韵绮久不生育，又染上了鸦片烟瘾，所以同张伯驹的感情也慢慢疏远了。到了1948年，张伯驹与她离婚了。看来，不能生育，在旧社会似乎成了妇女的一大罪状，一个妇女一旦不能生育，在家里就失去了地位，会遭到公婆甚至全家的冷眼。邓韵绮本来也是个多才多艺、情感丰富、温良可人的艺人。但因为久不生育受到了冷落,进而染上了吸大烟、打牌的恶习,以致浑浑噩噩地虚度时光,成了封建制度的牺牲品。

王韵缃

此文也直接引用张柳溪的回忆，只是由笔者加以简单整理，张柳溪的回忆如下：

王韵缃是我的亲生母亲，但我却不能喊她为娘，只能喊妈。

我妈妈的名字也是我父亲给起的，她和我父亲结婚是在1926年。当年，我叔叔张家骥已病逝二年。这样，张镇芳、张锦芳兄弟就只有我父亲张伯驹一个儿子。于是，爷爷就催我父亲再结婚，并说要以生育为目的，不论才貌，要身体好。当年就由盐业银行副经理朱虞生介绍了王韵缃。本来介绍的有两个人，王韵缃是其中之一，因为朱虞生的同居与王韵缃之母是朋友，那一个就没有叫她与父亲见面，而是一心促使王韵缃和父亲结婚。父亲也看中了王韵缃。王韵缃家中贫困，是苏州人，是她父亲从家乡外出在北京做工，她才到了北京。所以，我父亲给我姥姥一笔钱，就娶了我妈，并在北池子一带弄了一套小院住了下来。

不久以后我妈妈就怀孕了，爷爷、奶奶早就盼望有个孙子，知道我妈妈怀孕后，就把我妈接到天津家里与爷爷、奶奶同住。妈妈生下我之后，爷爷、奶奶为了让妈妈照顾好我，也为了他们能看着我长大，就没有再让我妈回北京，而是留在了天津家里，留在了爷爷、奶奶的跟前。

有人在所写张伯驹生平的书中说，李氏与邓氏都吸食鸦片，且不能生育，张伯驹又娶了第三房太太王韵缃。可惜，两个人婚后性格不合，感情冷淡，本来已经议定离婚，却因为发现怀孕作罢。这样说完全是不了解情况且不合常理。我妈妈怀孕后，全家人都非常高兴，我父亲也高兴，不孝有三，无后为大。他有了孩子，就算是完成了长辈抱孙子的愿望，能会不高兴吗？哪里会在这时候想着闹离婚呢？哪里会闹着离婚呢，至于我妈和父亲离婚那是将近三十年以后的事。

我妈生长在一个比较贫困的家庭里，家里主要靠我姥爷干活来维持生计。在这个家里，父母关爱女儿，姐妹互相关爱照顾，女儿也孝敬父母、听父母的话，一家人共患难来维持全家的生活。我妈妈在嫁给我父亲之前，没有真正接触过社会，也没有社会上那些市侩气，不懂得阿谀奉承。她从小养成的习惯是老老实实，尊重孝敬长辈，关爱体谅同辈。她对任何人都老老实实在，办什么事都考虑别人的需要和利益。到天津家里和爷爷、奶奶生活在一起后，她仍然是这种性格。

在我们的大家庭里,爷爷、奶奶都是有规矩懂礼节的人。我妈妈每天早上都要去我爷爷、奶奶和六爷爷、六奶奶屋里请安,因为爷爷非常宠爱我这个孙子,看到小孙子就特别高兴,所以我妈常带我在爷爷、奶奶的屋里,一方面按照我爷爷、奶奶的要求抚养教育我,另一方面也方便侍候我爷爷、奶奶。我妈不仅尊敬我爷爷、奶奶,对家里的其他长辈也是每日请安,对我娘也十分尊重。由于我妈性格温顺,又生下我这个爷爷、奶奶非常宠爱的孙子,爷爷、奶奶本来就对她有点另眼看待,有点宠爱,这时更对她好了,但我妈从不认为自己了不起,更不会贬低别人,不计较名分地位,也不争财产,因此,我爷爷更认为我妈妈为人忠厚老实,可以信赖。全家上上下下都认为我妈妈尊重、孝敬长辈,关爱同辈下辈,平等对待所有人,得到所有人的肯定。因为我妈妈经常在爷爷、奶奶的房里带着我侍候他们,来我家拜访爷爷、奶奶的亲戚朋友常常见到我妈,看到我妈尊老爱幼、老实谦虚,再加上听到我爷爷、奶奶的评价,他们也都对我妈抱着肯定嘉许的态度,这样我爷爷就把管家的大事交给了我妈妈。

当时我们家大大小小的开支都是靠爷爷手中近三百万盐业银行股票的股息,爷爷把这些股票交给了我妈,每年的股息由我妈在银行存取支付全家的一切生活开支。我妈接管这个家以后,一切只要按照爷爷过去管家的传统和习惯照办就可以满足我爷爷的嘱托了，可是我妈认为在这个家里自己是小辈，所以凡是大事，即便像逢年过节、长辈过生日这样的开支都要和我爷爷、奶奶商量，对长辈的生活格外照顾。

30年代中期市场上刚刚出现电子管收音机，我四奶奶自己出钱买了一台很好的电子管收音机，随即我妈妈给我六爷爷、六奶奶和我五奶奶各买了一台收音机，却没有给自己买一台收音机放在屋里。一直到五奶奶去世之后，才按照四奶奶的吩咐接收了五奶奶的收音机，我妈这才有了自己的收音机。我五奶奶和六姨奶比我妈大不了几岁，她们对我妈并不以长辈自居，和我妈无话不谈，有着特殊的感情。

我妈和我娘的关系非常好，我娘住在天津二楼东面的两大间和亭子间，我妈则住在对面西间的两大间和亭子间。我娘体弱多病，整天大门不出、二门不迈，我妈几乎天天都上她屋里看她，让我每天上她屋里请安。我娘也把我视如己出，有什么好吃的都叫我去吃，我记得最清楚的是那时稻香村的约一尺见方的盒里的蛋糕，她还常给我些零花钱。我娘生病时都是我妈妈给请医生、送医院，照顾她的一切，直到她去世。

我妈在天津家里安排好长辈、孩子的生活的同时，也惦念我父亲的生活。我父亲当时在北京、上海盐业银行的俸禄有限，但生活开支比较大，我妈妈常把盐业银行的股息转账给他，以保证他的开支。我父亲逢年过节回天津，也都是我妈妈给他安排一切。我妈妈一有时间也带着我去北京看望父亲。

我妈和我大妈邓韵绮的关系也非常好，她们互相尊重、互相关心。我大妈也把我视如己出。我妈还为我三妈潘素在四奶奶面前说情，让我三妈得到我四奶奶的认可，这也可以说明我妈对我三妈是同样关心和尊重的。

在我们家，我妈一直尽着相夫教子、孝敬长辈、照顾好全家生活的责任，应该说孝敬我爷爷、奶奶、照顾好我首先是我父亲的责任，但是这些责任最后都落在了我妈妈的身上。

因为我妈经常在我爷爷、奶奶的屋里照顾他们，家里有来访的客人时，很多具体的接待安排也由我妈妈负责，四奶奶也经常带着我妈妈，甚至派遣我妈妈去拜访看望一些亲戚朋友，因此我妈妈和这些亲戚朋友的关系密切了。倪嗣冲的一个儿媳和我妈妈结成干姐妹，经常来往聚会。但是，当时她们这些夫人按规矩不能随便出门游玩，唯一的消遣就是在家里打麻将，常常是从下午打到半夜。这样我妈妈就结识了许多女牌友，像抗日将领、共产党员吉鸿昌的夫人胡红霞就是那时认识且来往比较密切的牌友。

20世纪20年代末，我父亲被委派去上海任盐业银行总管理处总稽核时，我妈准备随我父亲去上海，但是我爷爷、奶奶不同意，他们不允许我妈妈带我去上海，也不允许我妈妈只身去上海，而留我在家没有妈妈的照顾，并且我爷爷已经把银行股票交由我妈妈管理，由她管理全家的家务和一切收支，也不允许我妈离去，所以我妈没有能够随我父亲去上海。所以，我父亲在上海遇到三妈潘素并结婚以后，和我妈的感情的确是渐渐疏远了。

与王韵缃的离婚

关于张伯驹与王韵缃的离婚，已成为各种研究张伯驹著作中的一个热点话题，且似乎认为，两人之所以离婚大都是王韵缃的错，又认为张伯驹从一开始就对王韵缃没有感情，如此等等。其实这也是片面的。我长期研究张伯驹，也看了不少材料，在这里，我只能说一下自己的看法和真实的感受。

其实，他们的离婚，是他们几十年经历的必然结果，是他们长期分居，徒有结婚形式，而无爱情生活的必然结果。他们的离婚对双方都是一个解脱，使他们都摆脱了一个长时间的心灵的困扰。当然，这并不是说张伯驹从一开始就对王韵缃没有感情，他们结婚之后，在相当长的时间里感情还是不错的，家庭还是和睦的。王韵缃出身平民，文化程度不高，和张伯驹在文化艺术上没有多少共同语言，但她为人诚实，通情达理，知道孝敬公婆，侍候丈夫，料理家务，所以很得公公、婆婆欢心。王韵缃对丈夫也自有一种尊重心态，她知道张伯驹是个文化人，家庭又是官宦之家，她也是处处谨慎，勤快，可以说，她有一种封建社会普通妇女都具有的一种自卑感,男尊女卑的思想是有的。

1952年,张伯驹和王韵缃的离婚,不是一开始就提出的,那时王韵缃在天津居住,张伯驹在北京居住。王韵缃开始是向张伯驹要生活费并提出分产,张伯驹说,你要提出分产,只有向法院去讲。于是,王韵缃向法院提交了一份诉状,但诉求中并没有提出离婚。离婚是张伯驹提出来的,张伯驹在答辩之后说:"一错不能再错,所以我同意王韵缃要抚养费的要求。但是,我既然是统一战线上的一个公民,我必须拥护政府婚姻法一夫一妻的制度,与王韵缃终止同居关系。"

张伯驹提出离婚后,王韵缃仍然不同意离婚,她愿意分居,不愿意解除婚姻。这实际上是委屈自我的一种办法,也是旧社会普通妇女的一般思想。这时,王韵缃的一个朋友,张伯驹也认识,就是吉鸿昌将军的夫人胡红霞做了工作。吉鸿昌也是河南人,是爱国抗日将领,被国民党杀害了,他生前和张伯驹早就认识且关系不错。这时,胡红霞在天津市妇联工作。她劝王韵缃,说这种形式上的婚姻有名无实没有必要保持,现在已是新中国了,妇女要翻身,要自主。在胡红霞的劝说下,王韵缃也渐渐想开了。这期间她儿子张柳溪也做了工作,他告诉母亲,我已经参加了工作,能理解父母各自的处境,母亲离婚后可以到石家庄随儿子一起生活,不是照样很好吗?于是,王韵缃同意了离婚,也并没有怨恨张伯驹的意思,她知道自己没文化,又没有与他生活在一起,觉得张伯驹还是和潘素一起生活更为合适。在这一点上，王韵缃还是颇为通情达理的。

关于他们的离婚，我看过寓真先生写的《张伯驹身世钩沉》，里面的材料都是来自当年法院的卷宗，是真实可靠的，所以，我也摘录一些他们的原话，让读者可以从中看到他们当时的心态。

首先是王韵缃的诉状，是这样写的：

> 原告王韵缃，年四十三岁，江苏省苏州县人。现住天津十区大理道永和里三号。
>
> 被告张伯驹，河南项城人，现年五十四岁，住北京西郊海甸承泽园一号。
>
> 为受遗弃而生活无着，恳请票传被告到庭，公断生活费，及追还第三者所赠予我子教育费事。
>
> 原告王韵缃，娘家父亲行医为生，因生活困难，无可奈何之下，由我母亲牵领到北京，寄居姑母曾姓之家。俟后又因姑母家境亦感困难，故不得已之下，将我终身许与被告张伯驹。在我十七岁的那年，经盐业银行副经理朱虞生介绍，与张伯驹双方见面后，张伯驹甚为同意。遂于一九二六年二月二日，与张伯驹结婚，寄居于北京帘子胡同。张伯驹声明，暂且在此居住些时，再去天津回到家庭里同居，并赠与我母亲三千元，我即与张伯驹在京过活半年，后进天津家庭同住。（寓真：《张伯驹身世钩沉》，三晋出版社，2013年版，第171页）

由上面一段话，可以看到王韵缃是起诉要求生活费的，没有提出离婚。也没有提出要分一些张伯驹收藏的字画。关于这一点，张柳溪曾说过：

其实，我母亲初开始也有过要一些父亲收藏的字画的想法，因为我父亲收藏字画的事名声远扬，家人自然也有耳闻。但我父亲在分字画问题上的态度我是知道的，那就是斩钉截铁，绝无商量余地。他曾明确地告于世人，他收藏字画的目的是保存和研究国家文物，研究工作结束后将来是要献给国家的。后来，我父亲就把很多珍贵的书画文物献给国家了。

我赞成父亲的想法，父亲不愧为一个具有高风亮节的爱国文人。所以，我也从没有向父亲要字画的想法，父亲也没有给过我什么文物字画，我母亲在这份诉状中也没有提出分字画的要求。

至于张伯驹的回答，他在法庭上有一段话是这样的：

谈话笔录　二月十一日

问：张伯驹，你是否仍坚持和王韵缃离婚？

答：上次我是坚决要离的，但后来家中有人表示意见，我也不那样坚持了。我现在意思，她如同意离，给赡养费多少，由法院决定。她如不同意，则以后再说，给她一些时间，使她好好考虑，思想上有了转机再提这事。（同上书，第178页）

从张伯驹的回答看，他对王韵缃还是有感情的，对王韵缃的思想还是理解的，只是当时的社会及家庭状况确实使他们没有必要再保持那种婚姻的状况了。

在开庭后，张伯驹也曾两次书面陈述对于"赡养费"的意见，基本上反映了他的态度，他写道：

> 我与王韵缃离婚的事情，在她"三天考虑"期间，我曾同儿子谈过离婚及赡养费问题。儿子也认为离婚是对的，好使她去掉依赖性，改造、学习。赡养费是照顾她的生活。他曾经劝告过母亲，如果以离婚为要钱的条件是不对的，跟着儿子不能跟钱，跟钱不能跟儿子，这思想是正确的。我提出赡养费五千万到一亿元本来就是很多的数目，是为了照顾女方，不使受刺激。如果再多，我经济方面做不到，影响儿子的立场，与王韵缃也无益。我请求法院，对赡养费在五千万元以上、一亿元以下，予以判决。我现在没有现款，须卖了房子才能有钱。但是，房子两月、三月卖掉与否，不能确定。我为不影响她生活的安排，我向朋友借款，分期给她，于三个月内付完。这是我经济上的实情。附带陈明。
>
> 张伯驹呈，一九五二，二，十八
> （同上书，第181页）

最后，法院的判决书主文有两条：

一、张伯驹一夫多妻，他提出与王韵缃离婚，王韵缃既表同意，为维持一夫一妻之精神，准许离婚；

二、张伯驹现有的财产是承泽园一号的地皮三十多亩，房子一百馀间，及一部分字画，虽有不少外债，但依其自己计算，最少尚馀五六亿元。特判令给王韵缃人民币一亿元，作为王韵缃应得之家庭财产。

（同上书，第182页）

法院的判决是公正的。他们的离婚，对他们双方都是个好事，都卸去了身上的沉重包袱。需要说明的是，判决书中所说的款数，都是旧币制，一亿元实际就是一万元，那时，一元钱是叫作一万块钱的。

我看寓真先生写张伯驹离婚案的文字，是非常客观的，他说："不管怎么说，王韵缃还是值得同情的。从十几岁就与张伯驹同居，后来，却被冷落到一边，寡居多年。"

现在，我才知道寓真先生原来担任山西省高级人民法院院长多年，是国家二级大法官，1966年已是中国政法大学毕业生，他的研究自然是非常深刻、有见地的。包括他对张镇芳的研究，都是采取历史唯物主义的态度，是深刻分析当时历史的结果。而不是像一些人，对历史人物的评价，不是好，就是坏，或一棍子打死的态度。

潘　素

　　张伯驹与王韵缃结婚后，1927年儿子张柳溪诞生了。张镇芳就对张伯驹说，不要再娶妻纳妾了。但是张伯驹在上海遇到了潘素，二人一见倾心，都认为遇到了情投意合的知音，就结婚了。从此他们相濡以沫，白头到老，成了患难与共的夫妻。说实在的，我对潘素陪伴张伯驹一生是理解的，是她有条件也有能力成为张伯驹事业上的同道，家庭里的伴侣。而其他三位夫人，都因各种客观原因，导致郁郁而终或与张伯驹分手。

　　20世纪20年代末，张伯驹被盐业银行董事会推举为常务董事和总稽核，他可以到各分行视察业务，考核账目。他去上海最多，王韵缃也想去上海陪他，但公公、婆婆不同意，怕小孙子留在天津没有妈妈的照顾，又不允许把孙子带到上海，他们不放心。

　　张伯驹只好一人在上海做事，并往汉口、南京等地查账。所到之处，接受招待是免不了的，业务也很轻松，于是，张伯驹就有时间消遣在他的艺术爱好上，听戏，还有演唱京韵大鼓、弹琴等，都是他喜欢的。这样，不免要与

潘素青年时留影

朋友到娱乐场所，在上海当年这也是常事。张伯驹不喜欢喝酒，他叫的局多是听音乐，这就遇上了善弹琵琶的潘素。

张伯驹和潘素的姻缘具有巧合性是事实，但决不像现在很多书中描写的那么传奇，说什么英雄识英雄，怪人爱怪人，等等。又说什么一见到潘素，提笔就是一副对联："潘步掌中轻，十步香尘生罗袜；妃弹塞上曲，千秋胡笳入琵琶。"张伯驹在《素月楼联语》和《春游琐谈》两本书中，收录了他早年的很多诗钟，也有嵌名联，但从来没有这一副嵌名联。如果是他的作品，他会记录下来的。还有文章说还有一个叫臧卓的中将，正在与潘素谈婚论嫁，且把她关在一品香酒店，是张伯驹的一个叫孙曜东的朋友买通臧卓的卫兵，把潘素抢了出来。这样的传奇就不太可信了。一个中将的卫兵就那么容易买通的？简直是儿戏一般。

我看还是项城县文化馆的刘运星先生说得对。刘运星说张伯驹逝世后，潘素一家人在办丧事时，他恰好在场。他又是从河南项城来的，潘素就接待他了。他说，潘素在和他说话时，曾抹去脸上的热泪，若有所思地说起她和张伯驹从相识到结婚的经过。她说，她父亲在旧社会吃喝嫖赌样样都干，认识人很多，经人介绍也认识了张伯驹，初开始张伯驹每次到她家总是谈些诗呀、词呀，她心想，这个人怎么总是谈这些呢？稍后，她又得知张伯驹是个宦门阔公子，又是著名才子，却与其他公子少爷不一样，不抽烟、不喝酒、不嫖娼，专心研究诗词做学问，品德高尚，世上少见。慢慢地，对张伯驹产生了爱慕之心，后来两人就订了婚。

其实，在张伯驹与潘素相互了解的过程中，还是有介绍人的，这个介绍人就是孙履安。孙履安是孙家鼐的后人，孙家鼐是清末大学士，也是张镇芳进士及第时的主考。张镇芳就成了他的门生。孙履安的儿子叫孙曜东。孙曜东是孙家鼐之曾孙。这样，他们两家的祖辈就有了渊源，成了世交。张伯驹就是经过孙履安的介绍，逐步了解潘素的，后来，孙履安成了他们的证婚人。张柳溪回忆说：

  至于父亲与我三妈结婚的时间，有人说是1936

年,这是不对的,他们结婚是在1932年。我的妹夫,即张传綵的丈夫楼宇栋在张伯驹《生平简表》中已指出:"1932年与潘素在苏州结婚。"另有寓真先生在《张伯驹身世钩沉》一书中也指出:"第四次婚姻,即是与潘素结合,1932年在苏州结婚。"还有朱经畬先生在《张伯驹生平事略》一文中明确指出:"1932年,伯驹35岁,在沪与潘素女士结婚,潘素字慧素,1915年生于姑苏城内,工绘画,为当代著名画家。"

有人说,张伯驹在《身世自述》中说:"我到39岁时,在上海与我的爱人潘素相遇,我们两方情愿结为配偶。"这个《身世自述》写于1952年1月22日,其时也正是他在法院接受与王韵缃离婚调停之事,同时,张锦芳的姨太太杨慧仙也在向法院起诉分产之事。张伯驹有一份答辩中写道:"杨慧仙是我叔父的姨太太,是河南籍娶的。我叔父去世后,于民国十年,她回到河南项城原籍。"这句话也是错的,因为张锦芳是1941年去世的,也有说是1942年去世的。但肯定不是民国十年,民国十年是1921年,张锦芳与杨慧仙是1926年结的婚,她怎么会于民国十年在张锦芳去世后回到项城呢?张锦芳于民国三十年去世,说她于民国三十年以后回项城才是对的。

还有,张伯驹在《身世自述》中又说:"在我7岁的时候,我父亲已与我订了婚,就是我的原配李氏。"而他在其他场合又说过是他十六七岁时,父母给他订的婚。所以,在不同的时间,不同的场合,张伯驹的说话是不一样的，有误差，也有错的，至于他当时说话时的心思我们就不清楚了。

还有一个有力的证明，就是潘素走进张伯驹的大家庭是在1933年。关于这一点，张柳溪也有清楚的回忆，他说：

> 因为父亲娶了三妈并没有敢告诉我爷爷。在我妈生下我以后，爷爷曾经告诉父亲不能再娶妻。我妈后来虽然知道了父亲与三妈结婚的事，但是担心爷爷年纪大了，怕爷爷生气，也就没告诉我爷爷。所以，爷爷在世时，三妈也没有到天津见过我爷爷。开始三妈一直和父亲在上海生活，直到我爷爷去世，我妈按照我父亲的想法，把他娶了三妈的事告诉了我四奶奶，我四奶奶认为已成事实，就承认了三妈，并让三妈回天津参加了我爷爷的葬礼。此后她也是一直陪我父亲在上海，交往的都是一些银行界和文化界的人士，只有到每年的旧历年，才按家里的老规矩随父亲回天津全家团聚住些日子，其他时间就没有和我奶奶单独相处过了，因此三妈和我奶奶的婆媳关系也只是彼此尊重，没有什么过于亲密的关系。
>
> 我三妈潘素善良、随和、大方，她在这个大家庭里扮演的角色比较特殊，她的年龄比起我父亲和父亲的前三位夫人都小很多，虽然她们很少有时间聚在一起，毕竟多有关联。所以我三妈也常劝父亲要多关心几个大夫人的生活，三妈有时也把自己的钱给她们几位。三妈曾经说过，她们都是女人，前几位夫人因各

种原因，婚姻生活各有各的不幸，伯驹对自己好，自己却不能因此看不起她们。

父亲与三妈结婚后，先在苏州租了一处房子住下了，住了一段时间，又回到上海，住在金安四路，后来叫霞飞路。他们在上海期间，我大妈邓韵绮和我母亲有时也去上海，当他们三人或四人都在上海时，我三妈都能协调好关系。她确实是多才多艺，见过世面，接触过社会各方面的人物，她能够妥善处理，对待各种身份的人。

我认为，张柳溪上面的回忆是清楚的，也是较为可信的。

张柳溪上学和生活情况

在前面的一些文章中，我已简单地介绍过张柳溪，但我觉得这是很不够的，我与张柳溪有过多次详谈，也断断续续地谈到过他对自己经历的回忆，现在，我把他前前后后的回忆连成一文，虽不是他写的，但大意还是准确的。以张柳溪的口吻叙述的内容如下：

我是 1927 年 6 月 14 日出生的，我谱名传绪，字燕谋。但听老人说，让人看了我的生辰八字，说是命里缺水，所以又起名"柳溪"。我上小学到上中学时期，大都是在天津度过的。我于 1934 年 8 月在天津浙江小学读书，至 1938 年 7 月，读完了小学 3—6 年级课程，1938 年 8 月至 1942 年 7 月，我先后在天津工商学院附属中学、北平育英中学、天津浙江中学读完初中课程。这中间为什么会有在北平读初中的经历呢？是因为 1939 年夏，天津连降大雨，英租界 10 号路 165 号，是家到工商学院附属中学的道路，全被水淹，路上积水长期不退。开学了我也无法正常到校上学，就办了退学，转学到北平育英中学继续求学。在育英中学上学不及两月,又因我娘李月娥病故,我又返回天津继续上学。

1942年8月至1945年,我先后在天津广东中学、陕西长安兴国中学、天津志达中学读完了高中课程。这段时间为什么又去了西安呢?是因为1941年底,日本偷袭珍珠港事件以后,日本占领了我家所在天津的租界地,我不满天津广东中学的奴化教育,决定到内地西安求学。1943年春节前,我先回项城住了一段时间又去了西安。父亲张伯驹那时是西安秦陇实业公司经理,这个公司就是他办的,他安排我在兴国中学上学。当时我小叔张家骏是西安黄埔军校学生,他在校外和我同住。时逢军校闹学潮,军校镇压学生,抓了一批学员,小叔和我也被抓捕,说是共产党,关押半月有余,也抓不到我们是共产党的证据,就是不放人。当时我父亲和国民党将领孙连仲住在南阳。孙连仲是第二集团军司令,他下辖三个军,后为二级陆军上将。

孙连仲是我父亲的朋友,他比我父亲大五岁,河北雄县人。他出生在一个富裕的农民家庭,他父亲经营钱粮行,生意兴隆。后来他家的钱以及他本人的钱就存在我爷爷开办的盐业银行,因此和我父亲关系很好。孙连仲原来是冯玉祥的部下,抗日战争中因坚守台儿庄而闻名中外。

父亲找到孙连仲后,孙连仲就让父亲先赶回西安,他从中间又说了话,托人把我和小叔保了出来。这样,在西安我就无学可上了,我又回到项城再转天津。当时天津有个当日本特务的什么亲戚,为了敲诈勒索,以我去过内地为由到处抓我,弄得我惶惶不安,最后还是用钱消灾,再次躲过了劫难。

后来我看有一本书说父亲1936年就去了西安，并且劝说张学良发动西安事变。这就是耸人听闻的奇事了。父亲是1942年去西安的，1936年他不在西安，即使他真在西安，也不可能知道张学良发动军事政变的秘密，尽管张学良与我父亲交情甚厚，但也不可能轻易把这样的机密泄漏给一个对军事不感兴趣的文人啊！

1945年，我考上了辅仁大学，辅仁大学在北京，四年在校期间，前两年我在经济系学习，后两年在社会学系学习。毕业时，北京已经解放。这一年6-7月，我参加了北平华北各大学毕业生暑假学习团学习。8月被分配到天津新中国经济建设总公司工作。10月，我又被分配到了石家庄工作。在这里遇到了我的夫人朱道纯。她是河北雄县人，她的家紧靠白洋淀，她毕业于北平国立第一助产学校。我们谈恋爱时，她已是共青团员，那时叫中国新民主主义青年团。她正在积极要求入党，我当时也是共青团员。组织上知道她与我谈恋爱，也曾让她考虑考虑，说我的家庭情况太复杂。她说，她也考虑了，觉得我为人正直、诚恳，况且国家不是也有"出身不能选择，重在表现"的政策吗？她把这个意思向领导汇报了，领导没有再施加压力，我们就结婚了。

王韵缃在张柳溪家的生活

关于王韵缃与张伯驹离婚以后的生活，大家都是很关注的，这一点，我也先后与张柳溪及其子女做了多次交流，可以说，他们说清了大致情况。现在把以张柳溪为第一人称的口述内容，整理如下：

父亲和母亲王韵缃于1952年离婚，不久母亲就到石家庄我家来了，那时我刚同朱道纯结婚，1954年，有了大女儿张彦，1957年有了儿子张迎，1961年又有了小女儿婷婷。母亲来到我家后，先是在我工作的单位工业局宿舍暂住，后来别人帮我在大桥街租了两间半私人的房子。1961年，我们家搬到华安街住，全家住两间平房，华安街这处住宅是个大杂院，住了八户人家。母亲到来后，为我们照顾孩子，分担了一大半家务。当然，母亲到我家是最合适的，甚至可以说是唯一可去的地方。但她每年还是要去天津和我奶奶孙善卿住上一段时间的。1961年我奶奶去世，父亲得到消息也从北京赶到天津，父亲、母亲，还有我，一起料理了我奶奶的后事。

王韵细抱着孙子张迎（摄于1957年）　　王韵细（摄于1986年）

　　母亲到石家庄以后，父亲并不恼恨我母亲，他又想念我这个儿子，还有他的孙子、孙女。我儿子的名字张迎就是父亲起的，那一年第一个五年计划就要结束，正在迎接第二个五年计划，所以父亲说就叫张迎吧。他虽然挂念他的孙子孙女，但他是不会来的，也没法来石家庄的，这一点我理解。所以，只要我有时间就去北京探望父亲和我三妈。

　　父亲待我很好，只是他不善于表达感情，外表好像很冷漠似的。所以，外界传言说，我们父子关系不佳，那都是误解。我为什么要对父亲不好啊？我是理解父亲的，我对他又没有成见。家家都有一本难念的经啊！他与我母亲离婚那是他们婚姻发展的必然，他们离婚对双方都是个解脱，有必要维持那样名存实亡的夫妻关系吗？那时已是新社会了嘛。

当然，我在石家庄工作忙，孩子多，去北京次数少一些，但我每次去，父亲对我都很好，好像有很多话要说似的。我三妈对我也非常好，说实在的，我理解她，也佩服她。特别是1957年父亲被划成"右派"，她都不离不弃，没有一句怨言，那是很难做到的啊！那个时候，有多少夫妻只要有一个被打成"右派"，为了不影响孩子，都闹离婚呢。我三妈那样陪着他要忍受多少社会的歧视啊！所以，外界有人说，张伯驹被划为"右派"以后，儿子为了与"右派分子"划清界限，同他断绝了联系，女儿也不进娘家门了。这不是事实啊，我知道他被划为"右派"是冤枉的，再说，儿子与父亲的界限是能划清楚的吗？那是血肉相连的亲情啊。我妹妹一家在西安，回北京一趟也不容易啊。

那时候，整个社会经济不发达，家家都困难，我去看父亲拿不出什么上档次的礼品。有一次，我只好掂了一篮子梨。

还是说一下母亲在我家的情况吧！母亲来到石家庄，我家住的是一个有几家邻居的院子。我的邻居们只知道她是我母亲，并不知道她原来是张伯驹的妻子。我大女儿上小学时有一个同班同学，叫东东，是我们院里的一个孩子。他们常常一块上学，放学后就搬出我家的小方桌，一块写作业。东东也随着张彦叫我母亲为"张奶奶"。在他眼里，"张奶奶"皮肤白皙，中等个头，身材匀称，具有江南人的气质。张奶奶和蔼善良、宽容大度。闲暇时会看一些小说，她和院子里每一家的关系都处得很好，从没发生过与人红脸的事情。

时间一长，东东这个孩子心里就有疑问了，他想，张奶奶的老伴张爷爷怎么不和我们一家人一起生活呢？直到多年以后，他才知道我父亲，他心目中的张爷爷就是张伯驹。其实，我们的邻居大部分人都不知道我父亲是张伯驹。这一点我也很像我父亲。父亲一生把名利看得很淡，唯有对他热爱的文化事业倾注了全部心血。改革开放以后，父亲被平反，社会上也开始重视传统文化了，父亲的声誉也越来越大了，但我仍不轻易对人说我就是张伯驹的儿子，我不愿意在名人的光环下生活，我们一家都是学理科的，我儿子、女儿以及他们的子女也都是学理科的，所以，我孙子、外孙女就说，我们怎么不知道张伯驹是谁啊！

我和朱道纯结婚时是新中国成立初期，知识分子还比较少。所以在群众中就比较突出了，我毕业于辅仁大学，朱道纯毕业于北平国立第一助产学校。像她这样接受过高等卫生教育的女知识分子就更少了。那时候石家庄工业建设和妇幼保健事业正蓬勃发展，所以我俩都忙得很。

朱道纯中等个儿，是一个非常热心的医务工作者。我在人们的眼里则是身材瘦高，步履不急不慢，言语不多，不苟言笑，身体看上去弱弱的，长年戴着一副眼镜，很斯文的样子。下班回家来到院里，手里经常拿着一些报刊。这些形容还蛮像，我女儿的同学则最关心我时而给子女带回来的少儿读物，他们都很喜欢读。

在院子里与邻居们打交道最多的还是我母亲王韵缃。

东东对我母亲记忆最深,他上小学时,他家大人经常开会或工作到深夜。天快黑时,吃晚饭时间也到了,可东东时常就坐在自家门前的台阶上,无奈地等着大人回来。这时候,我母亲只要看到,就像喊自己孙子一样:"东东,过来吃饭了。"晚饭后,大人还不回来,东东就和张彦、迎迎一起玩,困了就由我母亲招呼他睡觉,一直等到他妈妈下班把他抱回家。所以我院邻居们对我母亲都很亲近。

在"文化大革命"中,由于我父亲被批斗,又是"右派",母亲也受到牵连,街道上的群众也来批判我母亲,只有我家的邻居们都同情她,没有人与她过不去。街道上还叫我母亲去打扫厕所,进行劳动改造。那一段我母亲真是受的折磨太重了。有一次,她打扫厕所,从便池里捞出一张白纸,上面写有领袖的名字,这一下不得了了,有人说是她干的,有意侮辱领袖。她是有口难辩,委屈极了,最后还是由我院子里的一个孩子说是自己写的,这件事才不了了之。

"文化大革命"结束后,我母亲的苦日子也终于过去了。但那时改革开放才开始,各家工资还是比较低,生活并不富裕,这时,那个东东也长大结婚了,我母亲就用自己积攒的零钱,亲自去商场买了一对当时很时兴的果盘和糖果,送给了东东,祝他结婚后生活过得甜蜜。

1982年2月,我父亲去世,那一段时间母亲很痛苦,经常默默流泪,不说话,我们知道她心里该有多少话想说却说不出来啊!过了六年,1988年,母亲79岁,也去世了。母亲的后半生,就这样无怨无悔,无私地献给了我们一家。

张柳溪一家

关于张柳溪子女的情况，我也向其及其子女做了了解，他们都表示，不愿意"张扬"自己，不想在祖辈的光环下生活，想做一个普通的人，这一点我非常理解。但有一篇文章，就是他们的邻居东东，发表在 2018 年 4 月 21 日《北京晚报》第 18 版上的《隔壁住的张奶奶》，把他们家平时的家庭生活说得比较清楚。现在，我就把这篇文章和张柳溪及其子女的回忆结合起来，仍以张柳溪自述的口气叙述如下：

我和朱道纯 1952 年结婚，1954 年生了大女儿张彦，家里就开始忙了起来，幸亏母亲来我家，操持了家务。60 年代初，张彦上小学，张彦在小学和中学阶段身体素质都很好，在撞拐游戏中，作为女生，却经常勇敢地与男生对阵，且常常面带笑容，以胜利者的姿态结束战斗。她还是学校军鼓队队员，中学篮球校队队员，铅球投掷还获得过市中学生田径运动会第一名的成绩。中学毕业后进入了一家工厂。1977 年恢复高考，第二年，她以优异的成绩考入

张柳溪、朱道纯夫妇（摄于2014年）

河北医学院（今河北医科大学），毕业后像她妈妈一样成了一名医务工作者，主任医师。

儿子迎迎是1957年出生的，60年代中期开始上小学，不久就碰上"文化大革命"，小学文化课就是在动乱年代中学的。中学毕业后，到农村成了"知青"。1978年改革开放，"知青"大批返城，迎迎进入一家工厂，并考上了电大，接受了高等教育，后来成了一家集团公司的高管。

小女儿婷婷出生于1961年，正是国家三年困难时期，大人吃不饱饭，小孩也吃不饱，营养不良，身体有些瘦弱。但她也是生性活泼，爱说爱玩，学习成绩优秀，动手能力强，小小年纪就学会了炒菜做饭，裁缝衣裳。等她考大学时，国家已恢复了高考，她考入了一所重点大学——河海大学。毕业后分到石家庄铁道学院工作，后来这个学院改为石家庄铁道大学。可以说，三个孩子虽然都经过了动乱年代，但他们又在青年时期遇上了改革开放，也都成才了，但遗憾的是他们学的都是理科，没有直接承继他们爷爷的文化艺术事业。迎迎长大后去北京看他爷爷，他爷爷就送给他两本《丛碧词》，还是希望他学习诗词啊。

　　由于父亲被打成"右派"，我们全家包括孩子在政治上都受到了影响，父亲也深深知道是他影响了儿子辈，又影响了孙子辈，内心常感不安。1979年，"右派问题"被改正后，他非常高兴，感到真正自由了、解放了，几十年的精神压力解除了，再也不会影响孩子们进步了。于是这一年夏天，他写信让我带孩子们去北京，见到我们以后，第二天就从后海南沿出发，带着我和张彦、婷婷，头顶烈日，步行穿过胡同，来到当时位于北海的中央文史研究馆，让单位开了关于张伯驹错划"右派"已平反的证明材料。父亲把这份材料郑重地交给孩子们说："凭这证明，交组织上，把你们档案中有关我的情况说明一下，以后就不会再影响你们了。"又过了几年，我儿子迎迎结婚时去看他爷爷，他爷爷正生病，拉肚子，弄脏了身子，迎迎就给他爷爷洗下身、洗脚，他爷爷感到很满足。吃饭时，他爷爷一直目不转睛地盯着迎迎，看孙子吃饭。人说隔辈亲，父亲对他孙子、孙女的疼爱，真是难以形容。

张传綵一家

张传綵是张伯驹唯一的女儿，女婿是楼宇栋。楼宇栋1950年考入燕京大学新闻系，后进入北大中文系。1954年毕业后被分配到中国科学院考古研究所从事考古编辑工作。1961年支援大西北，来到了西安，张传綵就当了小学教师。楼宇栋常说，学新闻的却搞了考古，真是有趣得很！

1971年10月，张伯驹在写给周恩来总理的信中，曾写到女儿一家的情况，他说："我有一女在西安教小学，欲往投奔，小女夫妇月入甚微，有子女四人（二人上中学，一上小学一甫三岁）无以安排其父母……"

信中所提到的子女四人，就是他的外孙女、外孙。外孙女是楼朋林、楼朋竹；外孙是楼开肇、楼朋革。

1978年以后，张伯驹已进入中央文史研究馆，接着被平反昭雪，其时年纪也大了。张传綵一家也从西安回到了北京，楼宇栋到文物出版社做了编审。从此，张伯驹夫妇就和女儿一家生活在一起，可以说是其乐融融。

张传綵对父母感情极深，20世纪60年代初，张伯驹夫妇在吉林长春，张传綵曾携儿带女，远行数千里，从西安奔波到东北长春，去看望她的父母，给父母送去骨肉亲情的欢乐，以慰藉老人的孤独。

1978年和父母生活在一起以后，张传綵的年龄也大了。因为早年未随父母亲学习书画，只是研习古筝。现在和父母生活在一起了，经常看着父母画画，特别是看着母亲作画，耳濡目染，对绘画也产生了强烈的爱好和向往，但又想，这么大年纪了才开始学画，觉得非常难。母亲潘素看出了女儿的心思，就说你学画梅花吧，你父亲一辈子爱梅、画梅、咏梅，梅花是非常有风骨的，傲雪绽放，不畏严霜，正如我们做人，要刚正不阿，不趋炎附势。

在母亲的悉心教授下，张传綵的画艺进步很快，从此，张传綵专攻写梅且深爱梅花，以致成了画梅的知名画家。1995年，《张传綵百梅图》在南京展出。她从所画梅作中择优选出百幅，由国内百位著名书画家为其题诗填词。她的梅花用笔入神，给人以绝美的享受，受到了观众广泛的好评。多位艺术大师如刘海粟、萧劳、朱家溍等先生也在画幅上题了字。

张传綵的两个女儿、两个儿子都在首都文博系统工作，且皆有成就。

张伯驹 1979 年写给张柳溪的信

柳溪,收到来信,三个孩子都考上大学,我很高兴,这也是你们教育的好,张家我这一支后代算站得住了。我现在也很忙,去年五月曾到南昌、井冈山、长沙、韶山参观,九月又到青岛烟台,为外贸作书画,你潘妈每日作画,供应广交会,为国家争取外汇,我写的几种书陆续在国内和香港出版。故经常写文稿、诗词、作书作画。

在党中央领导下,四个现代化必能提前实现。中国前途无限光明,虽然忙一些,但是心情慰快,今年五月可能还出外参观,八月可能还去青岛,如果你们夏来京,可先来信告知。

即问你们好

父书 一、廿五

从这封信中可以看出,张伯驹除高兴以外,还介绍了自己忙碌的情况,他说,去年五月曾到南昌、井冈山、长沙、韶山等地参观,张伯驹是很开心的,中央文史研究馆

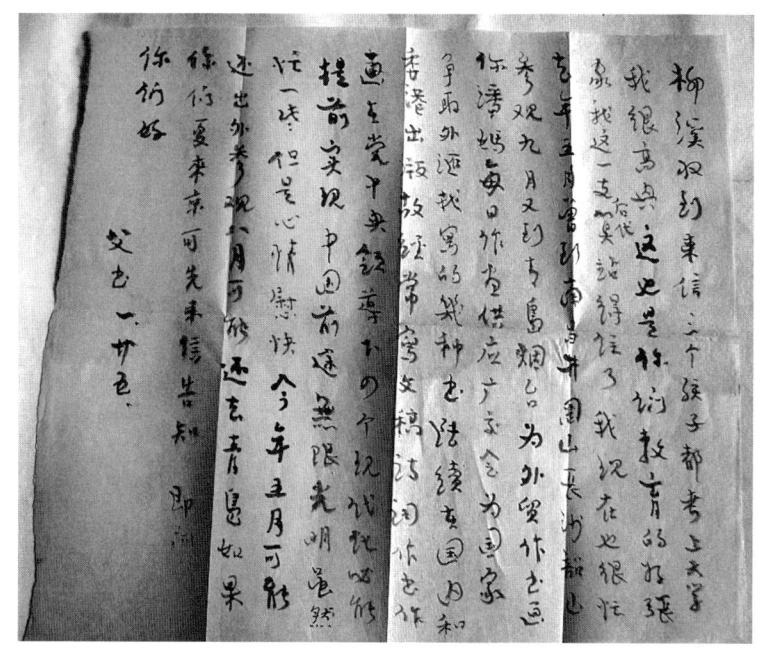

张伯驹 1979 年 1 月给儿子张柳溪的信

不时组织这些年老的研究馆员外出考察、参观和旅游，真是想得周到、用心。他又写到去青岛，为外贸作书画，真是够忙的。更让他开心的是这一年他写的几种书陆续在内地和香港出版，我后来知道的有两部，一部是《红毹纪梦诗注》。这部书是张伯驹于 1974 年写成的，写好后被他的学生冯统一先生介绍给著名戏剧家吴祖光先生。这是吴祖光第一次见到张伯驹，他见到张伯驹高兴地说：1957 年批判"右派"，在戏剧界批判咱俩，报纸上都是整版的登消息，那时我就知道你的大名了，直到 60 年代初才算认识您，到了今天才算是真正见面说话，敢于交心畅谈啊！

两个老人哈哈大笑，如同老朋友一般。张伯驹就把这部书稿交给吴祖光了，吴祖光看了这部书觉得很好，他说读来只觉声容并茂，气象万千，虽如信手拈来，却非游戏之作，而是一部京剧诗史。不久，吴祖光和冯统一就把这部书推荐给时任三联书店的负责人范用，范用也觉得不错，可以出版，但那时是刚刚结束"文化大革命"时期，许多极"左"的思想意识还没有得到深入批判，这部书被认为不宜在内地出版，于是，被介绍到香港中华书局，中华书局于1978年7月印行了这部书，并加了出版说明，说这部《红毹纪梦诗注》对于研究中国近现代戏曲史者不无裨助，故予出版。直到80年代初，吴祖光又把在香港出版的该书带回内地，并为其作了序，才由宝文堂在北京出版，此时，已是1988年3月。

另一部书是《续洪宪纪事诗补注》，也是1978年，张伯驹把这部书介绍给他的朋友、上海三联书店特约编审吴德铎先生。张伯驹也很关心这部书的出版情况，直到1982年初，还给吴德铎写信问询出版进度。不料就在该书就要付印的时刻，张伯驹去世，未能亲眼看到手稿成书，实在是一件憾事。

张伯驹的觉悟还非常高，他在家信最后一段还写道："在党中央领导下，四个现代化必能提前实现，中国前途无限光明。"由此可见，张伯驹对"文化大革命"以后的全国形势是多么欢欣鼓舞，对"文化大革命"这场内乱的结束是多么高兴，对党中央又是多么有信心。

最后，张伯驹又安排张柳溪如果夏天要去北京，可先写信告知，这也说明，张伯驹是关心他儿子一家的，他们父子的感情是很深的。

潘素1982年写给张柳溪的信

1982年2月，张伯驹病逝，3月26日，文化部和中央文史研究馆召开了追悼会，会后，张柳溪就回到了石家庄，时时怀念与父亲张伯驹之间的往事，又想到应该给三妈潘素写封信，一是安慰，二是请她把父亲的一些书画手稿送给自己，以作纪念。

潘素很快回了信，全文如下：

> 柳溪来信收悉，一直很忙，今年民革中山书画社举办纪念郑成功收复台湾三百二十周年书画展览（在历史博物馆展览）完后去香港、日本等地展出。
>
> 贵州省民革也要办纪念郑成功书画展览，也要我给他们画。
>
> 紫竹院公园举办名人书画展览也要画。香港来朋友要画，目前就是作画忙一些，但身体还好，勿念。
>
> 宋叔叔、宫伯母他们来看望我，宋、宫二位对人平易近人和蔼可亲，在工作方面不知疲倦，不脱离群众，善于帮助人，二位现在广州，下月初才回北京。

迎迎、婷婷他们四个孩子可好否？他们为人不追求浮华艳丽，保持着谦虚质朴的美德，奋发向上的精神。

关于追悼会上相片和你爸爸自己写书画手稿等物，我一有空与你找一些，给你作为留念。以后给你去信，再来取去物件。去日本事可能在秋后了。

青岛政协、山东省委会佘副主席来信慰问我们并邀请我去青岛避暑，我不想去。

话不多说了，有事来信，即问近好。

代问全家好

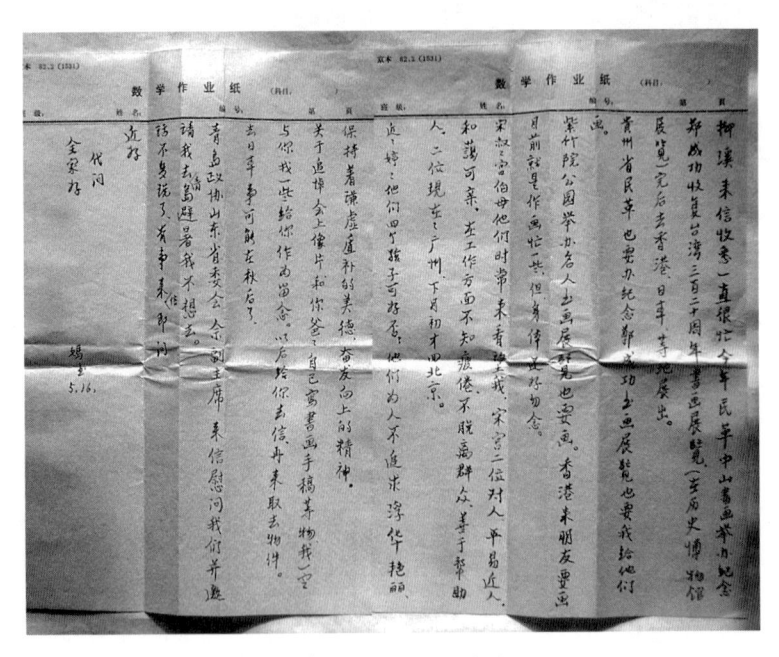

妈　书
5.16

潘素写给儿子张柳溪的信

这封信首先谈了一下她的近况，她说身体还好，正在为纪念郑成功收复台湾 320 周年画展作画，工作很忙，显然，她是要张柳溪不要太挂念她，她正在从逝去亲人的悲痛中走出来。

信中提到的宋叔叔、宫伯母是指宋振庭、宫敏章夫妇，他们夫妇时常去看潘素，充分说明宋振庭和张伯驹情谊之深。至于信中提到的佘副主席，张柳溪就不太熟悉了。

从这封信中可以看出潘素对张柳溪全家的关心，此后，张柳溪和三妈潘素一直保持着通信关系，直到她去世。

信中还提到让张柳溪再去带回几张追悼会的照片和一

《梅石图》（潘素、张伯驹合绘）

些张伯驹的手稿作为纪念,实际上是潘素记不准了,张伯驹的遗像照片,张柳溪在追悼会结束时已经带回来了。在收到这封信以后不久,张柳溪因不慎摔断了腿,治疗休息了很长时间,这样时间一长,就不好意思再去要手稿了。

如今,张伯驹、潘素已都去世,想到过往的岁月和亲情,令人不胜感慨。

1978年,张伯驹、潘素夫妇共同挥毫写丹青

痴迷文艺

戏剧生活

张伯驹从小接触戏剧，并且深深爱上了京剧，他跟余叔岩学戏时很认真、很钻研，所以对京剧艺术的理解也很深。关于张伯驹戏剧生活的一些细节，张柳溪也有一些记忆，他说：

上世纪40年代初，我在天津私立志达中学上学。父亲虽然多住上海、北平，但天津也毕竟是他的家，

1980年，张伯驹（右）和丁至云（左）在天津演出《打渔杀家》。张伯驹饰萧恩，丁至云饰萧桂英

他也时回天津。那时候，我的老师叫吴小如，吴小如的父亲叫吴玉如，是大书法家，我父亲与吴玉如同

1963年,张伯驹与梁小鸾演出《游龙戏凤》。张伯驹饰正德帝

岁,互相熟悉,也是朋友,因此,吴小如时而也到我家来,渐渐就熟了。

说来凑巧,我姑姑嫁给了刘沛鸿,她家也在天津,她儿子叫刘菱洲,和我是老表。我们都在志达中学上学,吴小如是我们的老师。刘菱洲叫我父亲"舅舅"。刘菱洲也酷爱京剧。一次,菱洲约了十几位中、青年票友在他家相聚,我父亲也到了。当晚清唱,我父亲和文鹏合演了一出《打渔杀家》。吴小如陪一位张姓青年唱了一出《洪洋洞》。吴小如前演令公,后配贤王。事后,我父亲对刘菱洲说,你这些能唱的朋友,只有你的老师吴小如有点水平。

张柳溪的回忆很有意思，也很生动，把张伯驹对戏剧的热爱及其个性都说得很鲜活、很形象。

的确，张伯驹对戏剧可以说是达到了入迷的程度，他爱写诗词，熟悉唐诗、宋词音韵，因而，据此他又研究起京剧的音韵来，并和余叔岩共同研究，合写了《近代剧韵》一书。他们把京剧唱念的音韵，

《京剧音韵》封面

加以理论化、条理化，成了演员提高演技的法则。

在编著这本书时，张伯驹曾和余叔岩发生过分歧和争论，这都是正常的。在成书时，张伯驹把自己的认识写进了书中，但余叔岩认为不妥，于是，把已经发到国剧传习所学员手中的《近代剧韵》全部收回来了。为了梨园界和学员的需要，张伯驹主动放弃了自己的意见，答应照余叔岩的意见办，并把书名改为《乱弹音韵辑要》，恳请余叔岩同意把修改后的《近代剧韵》放在《戏剧丛刊》上公开发表。

1963年，张伯驹为纪念余叔岩逝世20周年，又对这本书进行增订，最后以《京剧音韵》书名，用线装本非正式出版，在京剧界和票界都有流传。1990年，《中国文化》在第二期发表了《京剧音韵》一文。现在，张伯驹的

痴迷文艺 ·113·

这本书已被正式收入《张伯驹集》，书名为《乱弹音韵辑要》。

这个事情在《张伯驹与京剧》一书中也有清楚的记载，林下风因此说，后来的学者无不尊奉余叔岩和张伯驹为"京剧音韵理论的首创者和奠基人"。这句话可能评价过高，有点过奖，但不论怎么说，张伯驹为京剧音韵的研究是做了可贵的探索和努力的。

在余叔岩与姚淑敏的婚礼上，张伯驹当伴郎（后排左一）

在上海被绑架事件

1941年6月张伯驹在上海被绑架时,儿子张柳溪已14岁了,所以对这件事印象很深。他说:

这件事发生后,我们全家都很着急,我奶奶孙善卿急得直哭,我妈王韵缃也很着急,夜里睡不沉,常做噩梦,他们毕竟已做了几十年的夫妻啊!还有我小姨,坐立不安。害怕、担心、焦急又充满希望的气氛笼罩着全家。但救我父亲最主要的问题还是筹款。开始要价很高,最后降到40万元。但这也不是个小数目,我家拿不出来,只好求救于盐业银行,但任凤苞董事长却主张把父亲所存字画卖与大汉奸任援道、梁鸿志,可以得到现款。但父亲表示,这些字画是不能动的,他宁死魔窟,不卖字画,所以就没动字画。

我三妈只好再向盐业银行求救,上海行就打电报求援于北平、天津两行,但北平行表示没有钱,天津行有钱不肯拿,借口说日本人限制申请汇款,又说什么这是我父亲个人的事,与盐业银行无关。在这种情况下，不拿钱，绑匪就要撕票，于是经全家商量，奶奶认为我家是盐业银行的大股东，我们家的股票还是最可靠的款项来源，她同意用自家的股票。我印象中是除了我家拿出一部分股票，奶奶又让父亲的族叔张慕岐回项城老家卖了一部分土地。还有同乡牛敬亭资助十万元，才最后凑够的。

在研究张伯驹的过程中，关于此事，我看到一些材料，也有张伯驹在不同文章里说的也都不一致，例如：张伯驹在《盐业银行与我家》一文中说："幸由友人上海市复兴银行总经理孙曜东借给中储券20万元，盐业银行上海行经理萧彦和拿出10万元，再由河南同乡商人牛敬亭资助10万元，才把我赎出来。"

我又看到张伯驹写于1969年1月的《经历自述》中说："1941年去上海，租居培福里，被汪逆精卫驻上海伪军绑架，拘禁八个月，由潘素向朋友借钱及卖出股票把我营救出来（所损失约值现在4万余元），书画保存未动。"这一次张伯驹说是有股票了。而由孙曜东口述，在《浮世万象》（上海教育出版社2004年版）一书中说："张伯驹被带到浦东后，关在一个农民的家里。林之江派人来接头时，我拿出二十根大条（黄金）给吴嬷，由吴嬷交给潘素，并由吴嬷陪同潘素把条子送到接头点，送去二三天后伯驹就回来了。"（转引自寓真《张伯驹身世钩沉》，三晋出版社，2013年版，第137页）

按孙曜东的话说，钱都是由他拿的，我认为这些话疑点甚多，与张伯驹的回忆和其家人的记忆都有不同。因为这句话说得很轻松，如果是这样，张伯驹还会被关八个月，中间又有那么多磨难吗？即便是他最后拿了那么多的钱，张伯驹也不可能白花他的钱，最终也是要还的。

另外，关于送钱的经过，张柳溪的回忆与一些书上说的也不一样，他说：

> 当时我家商量钱由我妈亲自送，但上海来电话说，如果绑匪知道天津太太有钱，就很难和他们讨价还价了。我印象中最后是让我小姨去送，或者让张慕岐去送，最后送的情况我也记不清了。我父亲被救出后，全家人都松了一口气。
>
> 在这一事件中，承担压力最大的，以及四处奔波，历经风险最大的当然是我三妈潘素。后来听她说，那些日子，父亲命悬虎口，她终日焦急不安，提心吊胆，每至深夜噩梦连连，这都是叫人理解且同情的。她那么年轻，却与复杂的社会打交道，前后持续八个月，没有坚强的毅力和干练的能力是很难做到的。
>
> 父亲被救出以后，在家休养了一段，就和三妈去西安了。

爱作对联

张伯驹很喜欢作对联，也是大家。楹联，也称"对联"，是一种雅俗共赏的文学艺术形式，具有益智教化、愉悦身心、增添生活情趣的作用。

还有一个故事，充分显示了张伯驹在联语方面的智慧与灵感。这个故事发生在1962年他在长春任吉林省博物馆副馆长期间。他有个朋友叫恽宝惠，一日午餐时，恽宝惠和张伯驹谈到对联。恽宝惠说，有一联，20年来无人能对。张伯驹问什么联？恽宝惠即说，联云："董圣人，康圣人，董康圣人。"这一联是什么意思呢？董圣人，即董康（1867—1947），字授经，号涌芬室主人，常州人。历任刑部主事、郎中、法律馆校理、编修、总纂、提调等职，为修律大臣沈家本的得力助手，直接参与清末变法修律各项立法和法律修订工作。董康当时号称圣人。至于康圣人是谁呢？就是康有为。康有为（1858—1927），原名祖诒，字广厦，号长素，又号明夷，广东省南海县人，人称康南海，中国晚清时期重要的政治家、思想家、教育家，资产阶级改良主义的代表人物，在中国近代史上是一个很有影响的人物，当时亦有圣人之称。所以，这个上联的确很有意思，很妙、很绝。董圣人，指董康，康圣人，指康有为，两人之姓合起来，又成一人之名。下联的确是不好对，无怪乎20年来无人能对。

张伯驹听了后说，这很好对嘛，就对"李学士，白学士，李白学士，可以吗？"恽宝惠说，那就查一下乐天是不是学士吧。结果一查白乐天传，白居易果然是翰林学士。白居易（772—846），字乐天，号香山居士，祖籍太原，白居易是唐代著名诗人，曾官至翰林学士，左赞善大夫。至于李学士，是指李白，李白（701—762），字太白，号青莲居士，是唐代伟大的浪漫主义诗人，天宝元年（742），唐玄宗召见李白，李白对答如流，玄宗大为赞赏，随即令李白供奉翰林，也就有了翰林学士之称。张伯驹对的这个下联堪称妙手偶得，对得极为工整恰切，可谓天衣无缝。20年来无人能对之联，张伯驹于一二分钟即能对上，果然不愧楹联圣手。

从形式上说，联语又有嵌字联、集字联、回文联、叠字联等特殊形式。特别是嵌字联，也叫嵌名联，指将特定的名称（多为人名、地名、事物名等）嵌入联语中一定的位置。嵌名联中最难的是将人的名字中的各个字拆开嵌入上下联中，既要得体、通顺，又要富有内涵和情趣，十分不易，而张伯驹在这方面不愧是奇才。

他作的嵌名联多用"藏头"嵌字格，字数整齐，音调和谐，短小精悍，词义贴切。例如，嵌名联有赠史树青："树木新栽休斧伐，青山常在有柴烧"；赠张牧石："牧野

痴迷文艺

鹰扬开地阔,石头虎踞望天低";赠李克非:"克勤克俭常勤俭,非色非空即色空";赠冯大彪:"大魁丹桂悬金榜,彪焕珠帘卷玉钩";赠海明:"海阔天空驰想象,明窗净几著文章";赠欧广勇:"广到穷荒皆坦荡,勇于大敌更从容"。将每个人名字中的两个字分别嵌入上下联的开头,而整个联对仗工整,意义关联且含义丰富。

1980年初,梅兰芳夫人福芝芳做东请张伯驹。因为心情愉快,平时很少喝酒的他,在饭桌上吃了两盅,微醉归家,昏昏沉沉地睡了一阵子,醒后即提笔为福女士成联一副:"并气同芳,入室芝兰成眷属;还珠合镜,升天梅福是神仙。"上下联分别嵌入了"梅兰芳""福芝芳"夫妻姓名。妙手天成,虽是偶然得之,确是珠联璧合。只是这副对联写好没几天,福芝芳就去世了,"梅福"都是"神仙"了。张伯驹怎么也没想到,竟一联成谶,使他为之慨叹不已。

张伯驹曾送冯其庸一副联语:"古董先生谁似我,落花时节又逢君"。这一联语读来看似无奇,但得来确实不易。因为这是一副集句联,上下两联都是用前人的成句。上联是《桃花扇》中的一句,而下联则是杜甫的《江南逢李龟年》诗中的一句。上句是作者自说,下句说两人的交往,而这里的"花落时节"不是杜诗里的自然季节,而是说他在晚年才遇上了冯其庸。这副联语张伯驹又做成了分咏体的诗钟,咏"文物商店""李龟年"也是非常贴切,恰到好处。

张伯驹的联语既含义美好,富有哲理,又豪放雄浑,

张伯驹赠冯其庸联手迹

实为诗句珍品，实事求是地说，今天能欣赏并进而创作出既美且富有持久生命力的联语的人是越来越少了。

1972年以后，张伯驹当了中央文史研究馆馆员，又经常去天津看花。天津文化界都知道张伯驹爱画梅兰竹菊，又爱作嵌名联，于是许多青年人一到晚上都找上门来，请张伯驹为他们作嵌名联或画画，画一枝梅或杏，反正在张伯驹手中也不难画，他是来者不拒，有求必应，又特别爱为别人作嵌名联。这一时期他作了许多有趣，又很有学问的嵌名联，如给张牧石夫人张静宜作的"静从贝叶参空谛；宜对梅花守岁寒"；给戏剧著名演员王则昭作的"则帝邦家怀万庶，昭明日月转双丸"；为他的学生杨绍箕作的"绍兴剩水残山留赵家半壁；箕子三韩万姓存殷氏一支"，为赵震作的"赵璧完归和将相；震雷惊措论英雄"；都很精彩。

袁克文赠张伯驹的对联

张伯驹有一位姑姑嫁给了袁世凯的大哥袁世昌,这样,张家就和袁家成了亲戚。张伯驹的这位姑姑,是他大伯父张大木的女儿,是未出"五服"的亲戚。

这样,张伯驹和袁世凯的儿子,成了表兄弟。袁世凯的次子袁克文生于1890年,年长张伯驹八岁。

张伯驹曾有一首诗云:

公子齐名海上闻,辽东红豆两将军。
中州更有双词客,粉墨登场号二云。

"两将军","辽东"指张学良;"红豆"即溥侗。"二云"即指自己和袁克文,因为袁克文号"寒云",张伯驹曾号"冻云楼主"。对于张伯驹和袁克文,也有人称"项城二才子"。

袁克文潇洒风流,多才多艺,他自比曹植,所以人称"袁门子建"。袁克文一生工于诗词,擅长书法,能文擅丹青,又精于收藏鉴赏,尤其酷爱戏剧,为京昆名家。又喜

袁克文　　　　　　　《丛碧词》书影

好结交，时人视为博雅才子。应该说他广泛的兴趣和才华，与张伯驹都是相似的，或许是在这些方面影响了张伯驹的兴趣和爱好。张伯驹对他非常赏识，与他非常要好，但二人的结交多集中在袁克文去世前的几年间，这与张伯驹自称30岁学作词，31岁学京剧的说法是吻合的。张伯驹在《寒云词序》中说："余与寒云（袁克文）为中表戚，方其盛时未尝见也。己巳岁始与过从，共相唱酬为乐，乃恨相见之晚焉。"己巳年就是1929年。张伯驹既和袁克文经常诗词唱和，也同台演出过。张伯驹曾在《红毹纪梦诗注》一书中说过，1930年冬，他和袁克文，还有溥侗，同登开明戏院舞台，演义务戏。

张伯驹赠送冯统一的《丛碧词》首页

袁克文有一首诗很出名，最后两句是："绝怜高处多风雨，莫到琼楼最上层。"被认为是劝告其老子袁世凯不要当皇帝。这首诗遭到兄长袁克定告发，被禁锢宫中。袁克定一心要当"皇太子"，对袁克文嫉贤妒才，加以排挤就是必然的了。因而，袁克文处处遭到打压，为了避嫌，他还特意刻了一枚闲章"二皇子"，以打消袁克定的疑虑。这件事也使袁克文意识到，他不是搞政治的料，在政治上他做事是十有九输的，因而他更倾心文化艺事，尤其是唱戏。这样，他与张伯驹成了好友，而且十分赞赏张伯驹的人品与才华。于是，他写了一副对联赠予张伯驹，联云：

痴迷文艺 ·125·

十有九输天下事，

百无一可眼中人。

这句话的意思很明白，就是说袁克文自己在政治上十有九输，颇不顺心，处处失败；同时，他自称曹植，十分自负，又身为"总统之子"，能够被他看上眼的人，可以说寥寥无几，而张伯驹却是被他看中的人了。

这副对联，完全是袁克文自指，上联是自嘲，下联是称赞张伯驹，引张伯驹为知音。

张伯驹收到这副对联，并没有悬挂，他曾说过，我如果把这副对联挂在自己家里，客人会怎么看？原来你张伯驹这么牛气冲天，不把别人看在眼里，难道会把我看在眼里吗？那样，岂不把朋友得罪光了？

如果根据这副对联，把张伯驹看成是清高自负，有多看不起世人，把张伯驹说成是"百无一可眼中人"的人，作为对张伯驹的评价或赞语，我以为都是误读了。如果作为对张伯驹的赞语，只能说是：你看，袁克文一般是不把其他人看在眼里的，却对张伯驹青眼有加，足以证明张伯驹之不凡了吧！这样去称赞张伯驹，用意是可以理解的，也不勉为其难了。

张伯驹的确看不惯旧官场上那些官僚，但对待他的文人朋友，历来都是尊重的，即便是他的学生和弟子，也是如此。如对周汝昌、张牧石等。周汝昌小他20岁，他却于周汝昌60岁时，召集词人为周汝昌做寿；张牧石小张伯驹30岁，但张伯驹给张牧石写信，历来称"牧石词

张伯驹手书袁克文联

家",结尾问好之语必用"碧拜"或"碧叩"之语。周笃文是张伯驹的弟子,比张伯驹小36岁,张伯驹给他写信,也必称"笃文词家",结尾问好之语也是"碧拜"。杨绍箕也是张伯驹的学生,他给张伯驹写信用"丛碧世丈"称呼,张伯驹给杨绍箕写信则称"绍箕世讲",结尾问候之语也是"碧拜"。由此即可看出,张伯驹对别人的尊重。

痴迷文艺 ·127·

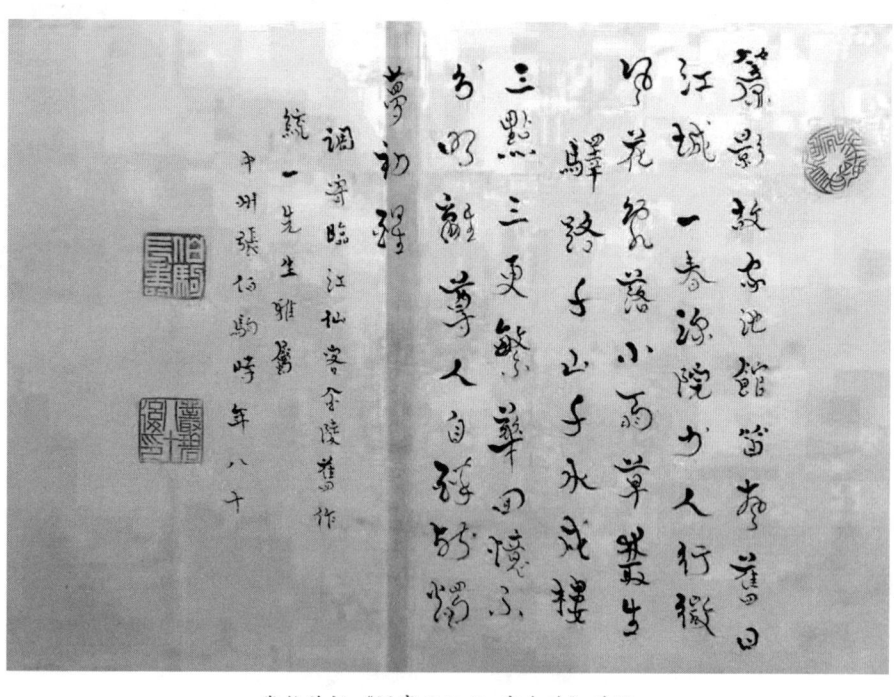

张伯驹词《调寄临江仙·客金陵》手迹

诗钟圣手

要叙述张伯驹的诗钟才华,就要先讲清楚什么是诗钟以及它有哪些要求和特点。这一在清末民初很流行,甚至在20世纪50年代初还很流行的诗词艺术现今近乎绝迹了。据说,近些年有些人提倡恢复,也做了一些实际工作,但这一传统文化的形式要恢复起来是很不容易的。

诗钟属于中国韵文的一种,中国的韵文,起源可上溯至远古,历代而不衰,致有楚辞、汉赋、唐宋诗词、元曲之盛。清代中期出现了新韵文——诗钟,首先发祥于闽,继而走向全国。北京"打诗钟"的出现,则是福建人林则徐他们老辈儿,道光年间在北京兴起的。清末民初在北平很流行,到抗日战争前达到顶峰。后来,在政治和社会的大变革中,这种活动很快消沉了。

诗钟是一种特殊形式的诗,从形式看,很像律诗中间的一联,故又叫"两句诗",因多是七言,也叫十四字诗。诗钟的基本法式和要求主要有五点:一是遵守七律的格律、平仄要求严格,对仗要匀整;二是用词要凝练;三是重视立意,内容无意义或意境不高的诗钟,谓之哑钟,即敲之不响，唱之无味，诗钟以立意高远，富含哲理者为上；四是用典忌僻，即注意诗钟用典均衡，如果一句用典，一句不用典，则称之为"跛脚钟"，同时用典不要太生僻；五是要紧扣钟题，由于诗钟是限时限题，因此必须扣住钟题，对仗工整，切合题意，不能离题。

诗钟主要分为两大类，即分咏合咏体、嵌字体。

合咏体要求上下联体现同一事物，即合咏一物或一题，表现题意，但不犯题字。如咏"无欲品高"："淡拂功名无媚骨，深居草野有芳魂"。

分咏体则要求上下联分咏出绝不相干的两件物事，各写各的主题，各有各的独立意境和概念，但又要求彼此配合、上下照应。但同样要求上下联要表现题意，但不犯题字。如分咏"笔"和"伞"："举世文章劳我写，满身雨水替人淋"，就很有趣味。

分咏体中又有"集句分咏"，集句中的两联都不属于创作，而是集两句古代诗人或词人的两句诗词，分咏两种毫不相干的物事，但又要符合诗钟的各种要求，难度实在是很高的。因此，可以说分咏体要难于合咏体，分咏体也是诗钟常用的一种形式。

另一大类则是嵌字体。即任意拈两个平仄不同的字，都限定嵌在两句中的第几字，组成一联，嵌入七言联中的第几字，就称为"几唱"。

"打诗钟"的过程很有趣，即每人事先在一纸条上随便写上一字，然后将纸条团起，杂放在一起，每人随意抓起两个，约定将此二字嵌入七言联中的第几字。同时，别置一铜盘,在铜盘之上悬一丝线,下系铜钱一枚。挨着丝线横置线香一根,点火,等香火烧到丝线时,线断钱落,掉在铜盘里发出响声,如同击钟。此时尚未完篇的就算认输,或是罚酒,或是请客,由众人议定。

由此可见,在极短的时间里,要把任意的两个字各嵌在上下联中的第几字,且做到各自独立,又有关联,又有意境,又要合律的一联诗,是极难的。所以,到了20世纪50年代初,张伯驹邀人"打诗钟"时,已改了方法。张伯驹有一篇文章《饭后诗钟分咏》,就记述了当时"打诗钟"的情形,他说:"岁乙未,余倡为饭后诗钟集,专为分咏诗钟,参与者有夏枝巢、陈紫纶、章行严、靳仲云、江公岩、诸季迟……诸人。每月一集,多在季迟及余家。每集五题至六题,每题作二联至三联。先七日示题,收稿汇印,聚饮评唱,亦时有趣致之作。"

这段话意思是说,要把"嵌字"或"分咏"的"字"和"物事"事先寄给参与的人,然后匿名汇编在一起,待聚会时,逐一评论,分出等次,再公布诗钟作者,大家聚饮评唱,切磋诗艺,实在是一种有意义的文化活动。

20世纪60年代末、70年代初,中国正处于"文化大革命"时期,群众文化生活十分贫乏,天津著名学人、词家寇梦碧、张牧石、陈机峰几位先生每每相聚于海河岸边,又玩起了"打诗钟"游戏,借诗钟遣闷,时间一久,竟然积下了千首诗钟。张伯驹见了,十分兴奋,他是"打诗钟"的行家,也和作了许多,其中"分咏""嵌字"各体都有。后来,寇梦碧、张牧石从他们所作的诗钟中选录了数百首，附录了张伯驹和作的诗钟，汇编成一册，定名为《七二钟声》，油印后分送给了朋友。2008年春，笔者去天津拜访张牧石先生，先生复印一册赠我，我一直珍藏着。

现在就具体说一下张伯驹"打诗钟"的表现。

一次，他抓到"魂、象""六唱"，他出语连成二联："萍末风来群象动，梦边秋入一魂凉"；"风雷鼓荡精魂出，江海澄清气象开"。又如"唐、水""二唱"："高唐有梦曾为雨，洛水无波只剩尘"；"边、卢""三唱"："不容边叟嘲空腹，愿向卢生借枕头"。

张伯驹最喜欢作的是分咏体。他说，分咏体"以毫不相干两题上下分咏，有时妙语天成，较嵌字体尤饶意趣。余即最喜为分咏体而不喜嵌字体。"

的确，分咏体诗钟的做法比嵌字体难得多，也有趣得多。分咏体即是几个人各写毫不相干的字，如一"人"一"物"，揉成纸团，随意抓取，每人在限定的时间里，将此"人"和"物"分别刻画出来，既不能明指此"人"此"物"，又要前后搭配，合理连贯，组成一联。

一次张伯驹抓到"温飞卿""蝙蝠"分咏，他很快成联："旖旎花间推领袖，模棱世上似衣冠"。前句即指花间词派领袖温庭筠，后句显然是蝙蝠，可以说是惟妙惟肖，又含有深刻的讽刺意义，令人拍案叫绝。

又一次抓到"不倒翁""结婚"分咏，他从容道来："比貌疑为长乐老，同心好为后来人"。

张伯驹此语一出，众人皆大声叫绝。张伯驹还曾抓到

"状元"和"聋子"的分咏,他很快成联:"一朝选在君王侧,终岁不闻丝竹声"。令人称奇的是这两句都是集白居易诗句,上联采自《长恨歌》,下联来自《琵琶行》,没有深厚的文学修养和敏捷的思维能力,是不可能如此得心应手的。其实,这一联诗钟是"集句联",它最能显示一个人的智慧与灵感,难度是较高的,"集句"就是从古今文人的诗词、赋文、经典中分别选取两个有关联的句子,按照诗钟上下联的声律、对仗、平仄等要求组成联句,既保留原文的词句,又要语言天成,另出新意。同时,集联还可使人自然地联想到所集的原作,无形中给人提供了一个广阔的艺术空间,这对陶冶情操、启迪心灵大有裨益。

倾心词作

张伯驹首先是一位杰出的词人，然后才是一位贡献巨大的文物收藏家。张伯驹一生最为看重的，就是他的词作，他曾郑重地说过："文物，有钱则可到手，若少眼力，可请人帮忙。而诗，完全要靠自己。"

张伯驹于28岁时退出军界，在他父亲创办的盐业银行任总稽核一职，工作是比较轻松的。业余时间，他刻苦学习唐宋词，立志要成为一个词人。30岁时，他填了第一首自己较为满意的词《八声甘州·三十自寿》：

几兴亡，无恙旧河山，残棋一枰收。负陌头柳色，秦关百二，悔觅封侯。前事都随逝水，明月怯登楼。甚五陵年少，骏马貂裘。

玉管珠弦欢罢，春来人自瘦，未减风流。问当年张绪，绿鬓可长留？更江南，落花肠断，望连天，烽火遍中州，休惆怅。有华筵在，仗酒销愁。

1932年，张伯驹与潘素结婚，在婚后的几年间，张伯驹因为工作奔走在上海、南京之间。这样，他和夫人潘素又有机会沉醉在游览姑苏、杭州、上海、南京等地名胜古迹的快乐之中。

游览风景和名胜古迹，激发了张伯驹创作山水田园诗词的灵感和才智。那一首首空灵馨逸、行云流水、天趣盎然的山水风情词，既成了他第一部词集《丛碧词》中的重要作品，又形成了他婉约多丽的词风，奠定了他在中国近现代词坛的地位。

让我们且读几首。

鹧鸪天

西湖旅夜

二月春寒未放晴，炉香烟细冷云屏。灯花照影愁先觉，湖水摇窗梦不成。

一阵阵，一声声，斜风细雨到天明。问人夜睡何曾着，燕子无须唤客醒。

临江仙

帘影故家池馆，笛声旧日江城。一春深院少人行。微风花乱落，小雨草丛生。

驿路千山千水，戍楼三点三更。繁华回忆不分明。离尊人自醉，残烛梦初醒。

痴迷文艺

这首《临江仙》抒发了羁旅愁怀。前面已经介绍过，此类题材在唐宋词中一般都写得凄哀愁情。而在这首词里，作者虽然也有感伤的情怀，却把这些情怀巧妙地融化在轻灵可爱的物象中了，即便是愁情，也成了很有情趣的感受。如"微风花乱落，小雨草丛生"，语言俏丽，颇为活泼，萌生着盎然的活力。"驿路千山千水，戍楼三点三更"，寥廓的境界中，却和谐地呈现出精微、清幽的意境。这首词被著名词家周笃文评为"天然风韵，风致独绝，《丛碧词》中高境"。

还有一首词，不可不读。

临江仙

游西湖，遇雨，避一别墅亭中，先有一人携丽于雨中吹笛，情景如画，词以记之。

垂柳阴阴雾锁，湖天漠漠烟笼。胭脂染透小桃红。鱼儿三尺水，燕子一帘风。

亭榭谁家寂寂，楼台到处重重。一声玉笛破空濛。山光微雨外，人影落花中。

这一时期，是张伯驹生活颇为优游、安逸的时期。他完全脱离了令人厌倦的政治环境，过起了一种置身自然的优裕生活。这也形成了他这一时期词作的婉约风格，从此，他走上了词作不断的人生之旅。

京剧大师为张伯驹当配角

张伯驹是著名的京剧票友，表演艺术也不错，但他毕竟不是职业演员，更不是京剧艺术大师级的人物。然而，他却创造了演艺界的一个奇迹，堪称他在票戏生涯中最得意的一次演出。

这次演出是在 1937 年春，曾引起京城极大的轰动。也成为京剧史上的一个大事件，也是一件十分有趣、幽默的事。这次演出的起因是他这一年四十大寿，准备办一场堂会以庆寿，也为过一把戏瘾。而他的家乡河南于去岁发生了严重的旱灾，于是，他就以演戏赈灾募捐为名，定在北平隆福寺街的福全馆办庆寿堂会。

筹备庆寿堂会过程中，张伯驹的一群朋友忽发奇想，想邀请余叔岩为他的徒弟张伯驹配戏，彩排一次，余叔岩当时已是京剧界的艺术大师。张伯驹自然求之不得，可又不好意思开口，于是由别人出面在一次宴席上提出请余叔岩在《空城计》里，饰演王平，为张伯驹搭戏。

余叔岩为张伯驹说戏，并没有陪他同台演出的意思，更何况要当配角呢？可又不好当面驳人家的面子，只好指着在座的杨小楼说:"只要杨老板同意来个马谡,我这里没问题。"其实,余叔岩知道杨小楼不会唱马谡,所以故意借杨小楼之口来拒绝。谁知,杨小楼虽是武生,却最愿意唱文角,这马谡虽然是个架子花(副净,又称架子花脸,以工架念白做功、造型表演为主),可是个不折不扣的文派人物,在张伯驹朋友的怂恿下,他居然答应了。杨小楼当时也是著名的京剧演员,与梅兰芳、余叔岩在京剧界鼎立成三,被称为"三大贤"。这一下,余叔岩就无法推托了,只得答应出场。

余叔岩、杨小楼答应后,张伯驹又趁机邀请了王凤卿扮演赵云,程继先扮演马岱。于是,这场堂会终于在隆福寺街的福全馆开演了。

开戏前张伯驹登台讲话,详细介绍了河南灾情。他向到场的社会名流和亲友提出请求,但并未让来宾当场交款,而是从即日起,愿捐助的不拘数目交盐业银行代收。这场堂会的大轴戏为《空城计》,张伯驹饰主角诸葛亮,配角是清一色的大腕,除余叔岩饰王平,杨小楼饰马谡,王凤卿饰赵云,程继先饰马岱以外,陈香雪饰司马懿,杨宝森饰张郃。

这些人都是戏剧界中出类拔萃的人物,而同在一台,同在一戏内当配角,可算是票友界中的豪举,史无前例。

消息一经传出,轰动九城。北方的张氏好友纷纷送礼拜寿,远在津沪的戏迷也专程来北平,为的是听这出戏。这一天,福全馆中,人山人海,盛况空前。

内行人都知道张伯驹嗓音不行,大家的注意力全都集中在这些名重一时的名角硬配上面。不过，因为他是今天的寿星，没有他哪有这场好戏看呀！于是，张伯驹一出场，大家也都鼓起掌来。余叔岩、杨小楼、王凤卿、程继先等四人在"起霸"一场中也是各逞其长，互不相让，精彩纷呈，令人目不暇接，叹为观止。

《空城计》圆满唱完。这出喧宾夺主、空前绝后的大场面使张伯驹驰名全国，出尽了"票戏天下第一"的风头。张伯驹也说，这场演出"一时轰动九城，传为美谈，与名伶同台，一般人固不敢当，而我自知不如，却胆大超人，故友人章士钊曾与我开玩笑，作打油诗曰：'坐在头排看空城，不知守城是何人'"。继而，演出的剧照、消息、评论遍载北平、天津、上海等地的戏剧画报。一小报称："此曲只应天上有，人间哪得几回闻。"

对于这次轰动京城的演出，张伯驹在《红毹纪梦诗注》中，也写有一首诗：

羽扇纶巾饰卧龙，帐前四将镇威风。
惊人一曲空城计，直到高天尺五峰。

《游春图》的购买与转让

张伯驹从陆军混成模范团毕业后，先后入伍于曹锟、吴佩孚、张作霖军中，后任职陕西督军署参议兼驻京代表，1925年毅然退出军界，在北平以张镇芳的名义购置了西四弓弦胡同一号住宅。这个园子十分漂亮，园子的南墙贯穿整个弓弦胡同，园子的北墙是警尔胡同，东临西黄城根北街，西临大拐棒胡同，是一所四面临街的方形院落。

隋展子虔《游春图》绢本，设色，纵43cm，横80.5cm（北京故宫博物院藏）

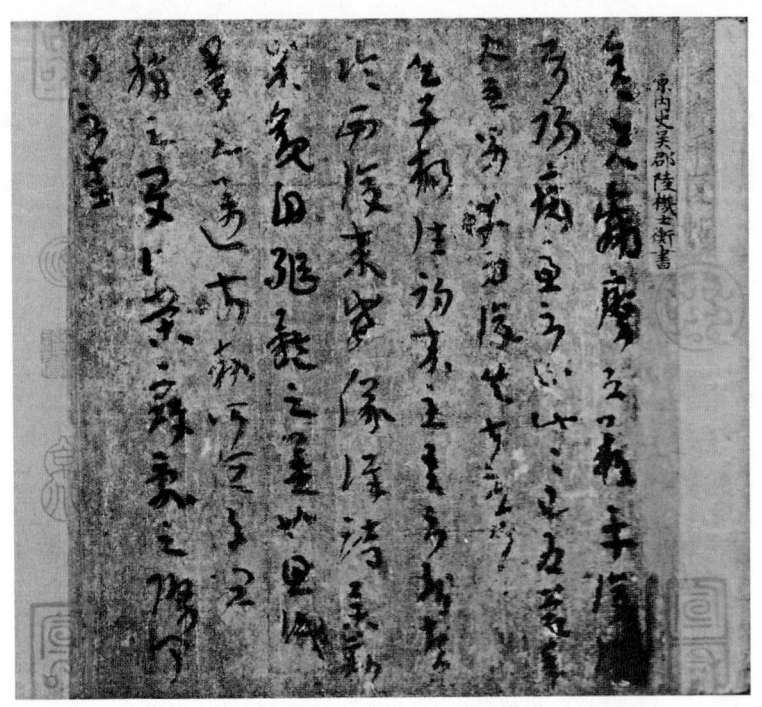

晋陆机《平复帖》纸本，草书，纵23.8cm，横20.5cm（北京故宫博物院藏）

院内分东西两部分，东部面积较大一些，其中只一山、一池、一亭，小径蜿蜒，花木繁盛，真是鸟语花香，风景宜人。西边西南角上是大门，可出入车马。进大门靠东有南侧厅，对面居中是一座垂花门，迎面正厅是一座两进的明五暗十的大花厅。就是这个大花厅被命名为"丛碧山房"。张伯驹青年时代的许多照片，就是在这里照的。这个园子大约有十三亩，除已有房屋外，还有些空地。1939年以后，张伯驹曾想再盖些房屋，把天津的家人迁来，但其母孙善卿和夫人王韵缃都不愿来。

1946年，张伯驹因要购买《游春图》，最终把这个宅子卖了，因为张伯驹知道《游春图》的价值，但《游春图》刚开始要价很高，他推荐给北京故宫博物院购买，博物院则以价高无款而不予收购。张伯驹又怕这幅画流落国外，就决心自己购买，最后议定这幅画以200两黄金成交。于是张伯驹就下狠心卖了这处宅院，共卖了35根金条，张伯驹用其中的十多根金条，又购买了承泽园。

张伯驹卖了这个宅子，带了200两黄金去交换《游春图》，但因黄金成色不足，只有足金130两，最后由马宝

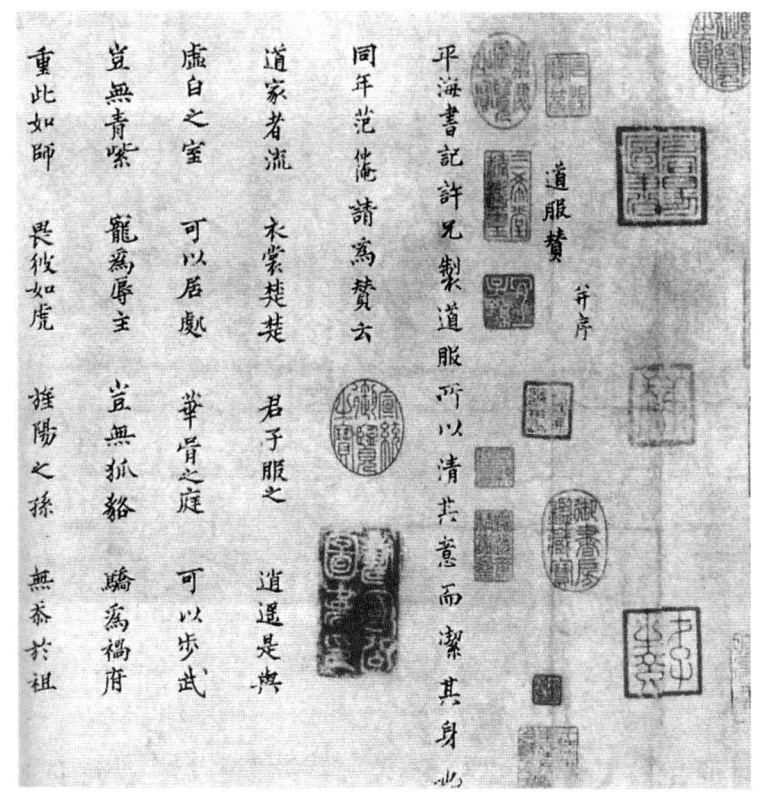

宋范仲淹《道服赞》（局部）

山作保，答应再迟二年还够那 70 两黄金，张伯驹就把《游春图》抱回家了。

还是在这一年，张伯驹又收购了另一国宝：宋代范仲淹的书法作品《道服赞》卷，花费黄金 110 两。

后来，张伯驹又卖了承泽园。一再卖房子、买古画。所以有人说张伯驹是"败家子"，好端端的房产都给卖了。而以后的事实证明，无论从哪个角度说，张伯驹卖房却成了聪明之举，是有眼光的，于国家于个人可以说都是卖对了：卖房买的文物捐给国家，价值连城，成了国家的传世之宝。个人呢？张伯驹也逐渐成了无产者，顺应了从旧社会过渡到新中国的社会变迁。

在这里补充一点，就是凡是说到从绑匪中救赎张伯驹时，或说张伯驹购买《游春图》时，都会说其中张伯驹卖了妻子潘素许多珍贵的首饰。有一本小说描写潘素的首饰卖了 30 万元。实际上，潘素卖首饰的情节是有的，但不会像外界传说那么多，那么值钱。潘素出身并非家财万贯之家，她的祖上是书香门第，但到她幼小时家已贫穷。她初入上海，靠弹琵琶又何能在短短时间内积攒那么多珠宝首饰？其实关于这一点，我在不断研究中，已经产生了怀疑，认为这不过是一些作家的套路罢了，关于这件事，我曾认真地向张柳溪求证过，他也很认真地回答我说：

我三妈（潘素）为人是很俭朴的。再说，我是学社会学的，写过《新中国经济建设公司简史》，专门分析过 20 世纪 40 年代上海的物价和黄金价格，我三妈的首饰如果能卖到30万元，估计需要18000多件，显然这是不可能的。

所以说，这些卖首饰的言传，不能作为历史记录用，只能作为传说。

再说张伯驹1946年买的承泽园。承泽园是皇家花园，是赏赐给寿恩公主的，寿恩公主去世后，承泽园为清内务府收管。张伯驹买这个园子时，清朝早已灭亡，这个园子已经很旧了。张伯驹买的，只是承泽园东边的一小部分。当时已没多少景致。入园后有一大过厅，空旷，也显得很破旧。正面有一花园，厅左有游廊一段。厅后即张伯驹的住宅，东边不远，还有一座小楼，袁世凯的长子袁克定曾住在这里。

张伯驹买了这个园子，就改名为"展春园"，因为他收购了《春游图》嘛，他又自号"春游主人"。

1953年，已是新中国成立第四个年头了，张伯驹又把这个园子卖给了北京大学。

这一次也卖得正值其时，但卖的原因主要是为给妻子王韵缃钱。1952年年初，王韵缃起诉张伯驹，开始是为生活费，最后离了婚。法院判决内容主要是准许离婚并给王韵缃旧币一亿元（实际就是1万元），作为王韵缃应得到的家庭财产。但直到年底，王韵缃才得到3000元，尚欠7000元。张伯驹却没钱了。新中国成立初期的1万元，也不是个小数目，于是张伯驹决定卖掉"展春园"。

1953年年初，张伯驹用卖房的款子，一部分给了王韵

痴迷文艺 ·145·

缃，另一部分买了后海南沿的一座小院，余钱用来维持生活了。

后海南沿这个宅子，比"展春园"小多了，进门以后，一路通往东边别院，小院里有一道小巧的游廊，游廊东端有翠竹、牡丹、紫藤、海棠，还有一大理石细雕石座，面对游廊的这一排房屋，就是客厅、居室了。不过还是有点北京雅居的风味，比起普通的市民小院，又略微强些。

张伯驹的朋友周汝昌先生曾写有一诗，就是说张伯驹后海南沿这个宅子的，诗云：

> 后湖莲藕已无香，新住词人最数张。
> 却忆郊西承泽苑，展春盟社久沧桑。

三求《平复帖》

张伯驹"三求《平复帖》"的故事流传得很广,已成了张伯驹收藏故事中的经典和传奇。

这件事还得从唐朝韩幹的《照夜白图》流失海外说起,因为这件国宝流失海外,曾使张伯驹感到如同自己的孩子被拐走一样的痛心。《照夜白图》原为溥儒藏物,溥儒作为皇室家族,收藏了不少极有价值的古画。其中唐朝韩幹的名画《照夜白图》(现藏美国大都会艺术博物馆),就是国宝级的历史名画。"照夜白"是唐玄宗李隆基最喜爱的一匹名马。此图又是唐代画马大家韩幹于唐天宝年间所画的最著名的代表作,上有南唐后主李煜题"韩幹画照夜白"、乾隆皇帝题跋及很多史上名家的印记。这幅画最终为上海画商叶叔重所得。张伯驹知道叶氏是做国际文物买卖的商人,当时宋哲元主政北平,张伯驹立即致函宋哲元,要其阻止《照夜白图》被外国人收买。然而,经宋哲元一番察访,给张伯驹的复函是:"已为叶某携走,转售英国。"

有了前车之鉴,张伯驹担心溥儒收藏的另一件国宝,

痴迷文艺 ·147·

即西晋陆机的《平复帖》再落入外国人之手，便下决心收购这一珍品。

晋朝陆机《平复帖》，法帖之祖，比王羲之《兰亭集序》早百余年，是我国传世文物中最早的一件名人手迹。

张伯驹在1936年见到《平复帖》。是时，湖北省遭遇洪水灾害，北平书画界组织了一场赈灾义展，在这次展览会上，张伯驹第一次看到了传说中的《平复帖》，这可是《平复帖》诞生1700多年来第一次展出啊，所以在文化界、书画界引起巨大轰动。

展览会后，张伯驹委托琉璃厂一家老板向溥儒请求出售。溥儒说，我并不缺钱，谁想要就拿20万元来。张伯驹无力支付此巨款，只得作罢。次年，也就是1937年年初，张伯驹又托张大千出面交涉，愿以6万元求让，溥儒仍坚售20万元，又未能成。

1937年夏，卢沟桥事变爆发了。到北平避暑的张伯驹，由于交通受阻，暂时无法回到上海。1938年1月28日（腊月二十七），张伯驹由天津回北平过年。在火车上巧遇了民国前教育总长、大藏书家傅增湘。也正是这次巧遇，才使张伯驹求购《平复帖》的愿望终于实现。

这里简单介绍一下傅增湘。傅增湘，1872年出生于四川，字沅叔，曾当过民国教育总长。傅增湘政务之余喜爱收藏古书，他是民国时期著名的藏书家，因为与张伯驹有着共同的爱好，所以二人成了忘年好友。

就在这次相遇中，傅增湘告诉了张伯驹一个惊人的消息，溥儒的母亲项夫人刚刚去世，溥儒正在筹钱为亡母办丧事，他准备出售《平复帖》。

不料，张伯驹听了以后反倒面露为难之色，他说："《平复帖》我两次相求，他都不肯割爱，现在正遇母丧，如果重提此事，是否有点……"

"我知道您的意思，怕人说你乘人之危，我看不必顾虑，我去和溥儒说。"傅增湘表示要促成这件事。

回到北平第二天，傅增湘就把《平复帖》抱来了。

"溥儒要价4万元，他的意思不用抵押了，还是一次买断较为简便。"傅增湘就这样为张伯驹做主了。

按照傅增湘的意思，张伯驹立即先付2万元，请傅增湘送去，其余2万元分两个月付清，张伯驹终于如愿以偿，得到了《平复帖》。

终成无产者

张镇芳 1915 年创办了盐业银行，任董事长。除中间几年因参与张勋复辟失败由吴鼎昌接任外，1921 年再任董事长直至 1933 年去世。张伯驹于 1919 年担任了盐业银行监事，那自然是虚职，1925 年始任盐业银行常务董事兼总管理处总稽核。1934 年任南京盐业银行经理。盐业、金城、中南、大陆四行储蓄会成立后，兼任监察委员。卢沟桥事变爆发后，南京盐业银行迁往重庆。张伯驹又去上海照料总管理处事务。这些年，张伯驹在盐业银行业务上还是很用心的。所以有人说，张镇芳任董事长，是资本家，张伯驹是银行家，我看说银行家有些过誉，但他毕竟有股票，又参与管理，说是工商业者还是符合其身份的。

1942 年下半年，张伯驹在经历了上海绑架案之后，用股票顶了欠债，只剩下少量股票还留在天津家人手中。他面对生活的压力，又不愿意再回上海，于是和夫人潘素去了西安，寻找新的生机。到了西安，他筹办了"秦陇实业公司"并自任经理，参与投资了一家号为"福豫"的面粉股份有限公司。但到了 1944 年，因为流动资金不足，公司的业务实际上自动结束了。这几年间,张伯驹的公司业务并没有大的起色,只是对那三四年间的生活有所维持而已。

1945年秋,张伯驹回到北平。西安解放后,福豫面粉厂重新登记,张伯驹仍为董事,每月有两袋面粉作为车马费。但他意识到自己并不到厂理事,领取车马费不妥,提请辞去了董事职务。不久,社会主义工商业改造开始,面粉厂公私合营,张伯驹提出将他的股份归公,从此退出了福豫面粉厂。

1952年,北京盐业银行成立工会,银行公私合营。张伯驹又任公私合营银行董事。1953年,北京盐业银行重估财产,重选董事,张伯驹以个人没有股票不能再任董事为由,退出了公私合营银行。此时,他已将"展春园"宅子卖出。这样,张伯驹就一步步退出了工商界。按他的话说就是,譬如在楼上顺梯子一级一级地下到了平地,他彻底成了无产者,没有等到1956年工商业社会主义改造,他就提前完成了转变。

这一过程既有历史发展的时代因素,也有张伯驹个人的主观因素以及家庭客观的变故等各种原因。真是时也、命也、运也。冥冥之中,张伯驹好像是具有预见性似的。

与章士钊的交往

章士钊先生是张伯驹一生中最亲密的朋友之一,又是张伯驹晚年生活中的一位贵人,他是改变张伯驹晚年难堪处境的一位重要人物,也是关键人物之一。发生在他身上的真实事迹没有传播开来,一个只是时间上巧合的传说却广传天下而不衰。因此,这里要说说章士钊。

章士钊(1881—1973),字行严,笔名孤桐,湖南长沙人。知名民主人士、学者,曾任中央文史研究馆馆长。他是毛泽东的故交,是毛泽东主席始终尊重的友人。

章士钊

1920年,毛泽东、蔡和森曾手持杨开慧父亲杨昌济的手书去上海拜见章士钊,求予资助。章士钊当即在上海工商界名流中筹集了2万银圆交给了毛泽东,资助毛泽东早年的革命活动，这笔巨款起到了重要作用。所以，中华人民共和国成立后，特别是"三年困难时期"，毛泽东用自己的稿费每年归还2000元给章士钊，十年还清。

章士钊早年即是张伯驹的朋友，他们常在一起谈诗论词，打诗钟、听戏。张伯驹四十大寿那次著名的演出，章士钊也出席了，张伯驹自饰诸葛亮，演出《空城计》，戏后，章士钊当场作了一首打油诗："坐在头排看空城，不知守城是何人……"张伯驹闻听大笑，非常陶醉，可见他们关系之好。

其实，张伯驹与章士钊是有点亲戚关系的，张伯驹喊章士钊为表姐夫，只是这亲戚有点绕弯儿。

章士钊的原配妻子叫吴弱南。吴弱男的祖父就是著名的淮军将领吴长庆。而吴长庆与袁世凯的嗣父袁保庆是结拜兄弟。因此，袁世凯把吴长庆认作恩翁，这样叙下来，吴弱男就称袁世凯为四伯。

再说张伯驹的一位堂姐嫁给了袁世凯的大哥袁世昌，这样，张伯驹就要喊袁世凯为四伯，顺理，喊吴弱男为表姐。后来，吴弱男与章士钊结婚，他们称张镇芳为五舅，张伯驹也就称章士钊为表姐夫了。

1929年，吴弱男与章士钊分手，但这一件事并没有影响张伯驹与章士钊的关系。一直到1956年，张伯驹还时常请章士钊一起打诗钟，当时章士钊是中央文史研究馆副馆长，后来就是正馆长了。张伯驹就是经他热心帮助，周密筹划，并征得周恩来总理批准，被聘为中央文史研究馆馆员的。

张伯驹知道，章士钊一生为人真诚宽容，急公好义，乐于助人，且敢作敢为，从不迟疑。章士钊曾对女儿章含之说："我希望你一生要与人为善，且莫加害他人，这是我一生信守的为人之道啊！"

可惜的是，就在张伯驹进入中央文史研究馆的第二年，即1973年7月，章士钊在香港去世了。

张伯驹闻听章士钊遽然去世的消息十分震惊而悲痛。他感激老友在一年前帮助自己结束了颠沛流离的生活。想到此，他提起笔填了一首词：

瑞鹧鸪
挽孤桐

云霄万里作神游，晤别缘悭不少留。座上光风忝骥尾，天南星宿望龙头。

捧觞寿满图犹在，击钵声沉烛已休。此去九原应一笑，伫看完璧整金瓯。

这首词的上片是说章士钊乘飞机直飞香港神游，但仅仅一个多月时间，就离开了人间，时间为什么这么吝啬，不肯多给一些啊，竟然不能晤老友一面；下片是回忆往昔和老友一起庆寿的热闹场景以及打诗钟的欢快情景。如今老友为着祖国统一大业而奔忙，不幸去世，那么，老友的心愿是不会落空的，且看祖国山河金瓯终有圆满的一天，以告慰老友的在天之灵。

1974年的清明，又是一个怀念先人和离世亲友的节日，张伯驹心里对老友的思念之情始终未能释怀。清明之际，他再次填词一首，遥祭孤桐：

瑞鹧鸪
甲寅清明遥祭孤桐

东华梦影旧同群，硕果于今独剩君。风势欲收山外雨，花光犹恋日边云。

堂空深柳莺仍在，楼倚高桐凤不闻。难挽客星天上云，垂纶终古几人文。

整首词既有对朋友之功业极为推崇，又有对朋友的逝去流露出的无限叹息和怀念之情。

约周汝昌写梅花大鼓

大家都知道张伯驹爱写诗词，尤其是填词。其实，张伯驹对于韵文类文体也非常感兴趣，他也爱散曲，年轻时爱听京韵大鼓、梅花大鼓等，但他没写过大鼓词。

周汝昌

梅花大鼓，又称"梅花调""北板大鼓"，是北方鼓曲的代表曲种，也是北京、天津地区流行的地方性大鼓曲种。

梅花大鼓曲调优美，旋律悠长，唱腔悠扬婉转。有一段时间，张伯驹竟然和周汝昌要编写梅花大鼓词呢。那是1962年国庆节时，长春市文联在市宾馆联欢，张伯驹也参加了，在会上他遇到曲艺演员花莲宝，花莲宝是优秀的梅花大鼓演员。闲谈间花莲宝说想请张伯驹编写一段梅花大鼓词。张伯驹虽然说不会，但也答应她了，但没说写什么内容。转眼到了1963年夏天，张伯驹又去看望花莲宝，她问能不能编写《红楼梦》，全部编写成梅花大鼓词，张伯驹很爽快地说可以。于是，张伯驹就写信告诉研究《红楼梦》的专家周汝昌，要他用梅花大鼓词改编《红楼梦》以适应演唱。不久，张伯驹回到北京，商定由周汝昌确定二十个回目，两人分着写。

不久，张伯驹又回到长春，不料京剧改革开始了，上级大力提倡现代京剧改革。花莲宝告诉他，《红楼梦》这个古典文学题材，就不能改编了。这样，张伯驹就又写信告知周汝昌，停止编写。但周汝昌已编写了几段，其中一段叫作《燕市悲歌》，现在知道这件事的人很少了，且抄下一段请大家欣赏吧。

燕市悲歌（梅花大鼓词）

风雨飘萧黄叶村。
西山何处吊诗人？
满径蓬蒿生茂草，
当门野浦聚寒云；
秦淮旧梦人犹在，
燕市悲歌酒易醺。
弦索合音鼓板动，
唱一段万丈光芒、千古不朽、十年辛苦、一身零落的曹雪芹。
自从那雪芹离了宫庭后，
幸遇得，相府明公聘往做西宾。

人人夸奖,说曹先生才高兼学富,
只可惜,他行为乖僻,言语爱伤人。
论交游,他不近高门,偏亲下贱,
发狂论,异端邪说敢谤圣贤人。
因此上,东家怒恼说:"真不成话!"
败家子浪荡胡为辱没斯文。
逐客令,一声"请吧!"人来传话,
相府门,赶走了落拓的公子曹雪芹。
霎时间,满京师传遍了九城之内,
酒楼茶肆议论纷纷。
从此后,谁还再敢将他招聘,
偌大的北京城竟无寸土容许暂栖身。
无奈何,拂袖离了这京城之地,
出西郊,人迹罕至寄山村。
且喜他,风晨月夕襟怀润,
且喜他,阶柳庭花笔墨新。
饥寒困顿何足论。
卖画食粥酒数巡。
满怀的奇气云烟落纸。
一腔悲愤血泪成文。
多亏了,有一位夫人为内助。
胭脂磨砚写朱痕。
他二人,相依为命生死共,
却不道,人言啧啧血口喷。
说什么,"好一个司马相如充才子。

窝藏个，罪人之女活赛卓文君。
似这等，人伦败坏全无耻，
不顾世道与人心——这曹家生了个不肖子孙"。
这一日，雪芹脂砚调墨添香相对坐，
谈笑风生共论文。
脂砚说，论为人你无愧书中痴公子，
我自问，怎比那风光霁月，侯府千金的史湘云。
大观园试才写得好。
为什么怡红小院缺少一副对联的文？
雪芹连说，这有何难，有、有、有，
我说你写，管教它对仗精工笔意新。
上联写，依槛书成春烛展，
下联配，卷帘花映晓霞匀。
脂砚连呼妙极真是好，
风流文采，全无有一点落俗尘。
……

你看，这一段梅花大鼓词很清新吧！这也算是张伯驹长年文化生活中的一个小花絮！

"波斯猫"

张伯驹有一张很有名的照片，就是那张抱猫图。很多介绍他的书里都用过，照片上的张伯驹端坐在椅子上，舒适可心地抱着一只雪白的波斯猫，那猫也温顺地依偎在主人怀里。

张伯驹一生爱猫，他从猫的身上有了感想，他说，猫比人好，世人多居心险恶，道德败坏、虚伪，不如猫直率可爱。

说起这只猫，还真有个故事。这只猫原来是张伯驹的天津朋友、词人张牧石和他的女儿张秀颖送给他的。

那是张伯驹刚从长春回北京不久的事情，这只猫原来是张秀颖的心爱之物，那时张秀颖还在小学上学，和她家仅隔一条街上的一家人，是一对宁波人夫妇，女人极爱养猫，人送雅号"猫奶奶"。那年她托人弄了一只纯种的波斯猫。那只波斯猫是怀着崽的，快生了。

张秀颖就央求"猫奶奶"到时候送她一只，没想到她爽快地答应了，终于有一天母猫生了三只小猫，张秀颖赶紧选了一只最漂亮的，小猫渐渐长大，白茸茸的，活蹦乱

晚年张伯驹

张伯驹非常喜欢猫。他曾说,猫比人还好,不会搞阴谋诡计

跳,成了小姑娘心头的宝贝。

有一天,张牧石和女儿商量,说张伯驹爷爷平日里就喜欢猫,他家早年有一只四爪踏雪的黑猫早就没了。现在他们又回到了北京。如果把这只小猫送给他,张爷爷一定很高兴,可张秀颖一听却是满心的不舍,但又想到张爷爷非常喜欢她,每次来天津都给她带巧克力,那时候普通人家很少有巧克力吃啊,最后张秀颖还是答应了。

张伯驹得到这只小猫后非常高兴,常常在读书累了的时候抱抱猫,仿佛满身的疲劳一下子就消散掉了。这只猫也和张伯驹有缘,好像懂得老人心思似的,百依百顺,有时则又蹦又跳,逗得张伯驹蛮开心。

这只猫被张伯驹养了十多年,其间也有溜出去的时候,但不久都回来了。但有一天这只猫又失踪了,张伯驹很着急,但也无可奈何,后来,这只猫终于没有再回来,不知所终了。有人说猫是有灵性的,知道自己大限到了的时候就离开家,不让家人看见它死了。

这只猫失踪半年多,张伯驹时时闷闷不乐,1982年春节刚过,他得了一场感冒,终因不治去世了。

张伯驹去世以后,尽享哀荣,也可以说应该安心于九泉了,只是希望这只波斯猫,能给他的天堂之魂带去安乐。

被聘为中央文史研究馆馆员始末

1970年3月,张伯驹和潘素被单位强行退职并下放到吉林省舒兰县朝阳公社插队劳动,被当地以年龄过大,没有子女在身边,且是退职后插队,不合插队规定为由,不予接收,无奈回到了北京。之后到西安女儿张传綵家住了一段时间,终不是长久之计,就又回到北京,成了"黑人黑户",日子过得十分窘迫。这一遭遇是张伯驹此前所未经历过的,使他彻底陷入了绝望的境地。这时候,他的朋友黄君坦、萧劳、沈裕君为他出了个主意,就是让他找章士钊,让章士钊请示周恩来总理,聘他为中央文史研究馆馆员,因为这时黄君坦、沈裕君已是中央文史研究馆馆员。

1971年10月,张伯驹找到了章士钊,把自己的想法说给了章士钊。章士钊非常同情张伯驹的遭遇,就爽快地答应了。但他说,这件事不是自己能做主的,须请示周恩来总理,并且周总理批准方可。于是,他就让张伯驹给总理写一封信,讲明自己的处境及对国家做过的贡献,请总理帮助解决自己的工作和户口问题。信由章士钊代转周总理,如果周总理做出指示,问题就好办了。于是,1971年

痴迷文艺 ·163·

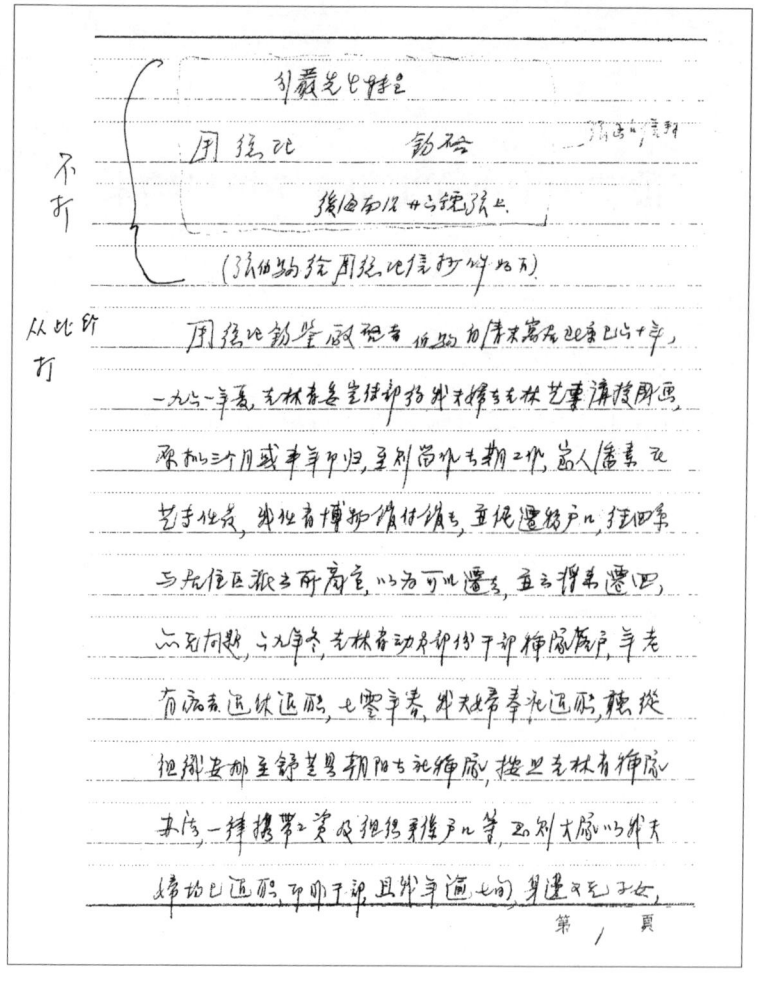

张伯驹给周恩来总理的信（第 1 页）

10月26日，张伯驹亲笔写了给周总理的信，交给章士钊。

张伯驹的信一开头写的是："周总理钧鉴敬启者，伯驹自清末寓居北京已六十年……"接着叙述了自己几十年的经历及当下处境，最后写道："章行严（士钊）先生卓

张伯驹《五十年来我的情况》手稿第 1 页

著风义,笃念旧交,因托其转呈此函,毛主席对知识分子政策,不使其无生活出路,不使其有弃物弃材,用敢上陈下情,不胜屏营之至,函此,谨致崇高敬礼。"

是年 11 月 24 日,章士钊给周恩来总理写了一封信,附上张伯驹的信,一并交给了周恩来,他在信中说:"张伯驹有函呈公,求为代陈,事具函内,不加观缕,钊认为伯驹先生事紧迫,公如允中央文史馆馆员,即时发表,可免除该馆员其他一切困难,乞酌,张函附呈。"

周恩来总理收到章士钊的来信和张伯驹的信后,非常重视。他知道没有迫切的事情,章士钊是不会张口的,遂于 12 月 9 日在章士钊的信上做了批示:"张伯驹先生可否安置为文史馆员,望与文史馆主事者一商。"这种口气实际上就是让章士钊看着办。

章士钊根据批示精神，立即派人前往吉林了解张伯驹和潘素的情况。12月29日，中央文史研究馆根据调查情况，撰写了《关于张伯驹政治历史情况的报告》。

当天，周总理秘书兼国务院参事室主任吴庆彤在《报告》上做了批示："同意张伯驹为中央文史馆馆员……"

隔了几天，即1972年1月5日，中央文史研究馆拟出了聘书草样，等领导签字，再填写正式聘书发给张伯驹。而此时历史又演出了传奇性的一幕，竟将历史的真实情况遮盖了。这就是民间传说的情况，说是1972年1月10日，毛主席突然参加陈毅的追悼会，看到了张伯驹撰写的挽联，就询问张伯驹的情况，于是安排周恩来关照一下等。其实，之所以会产生这样的传说，只是因为聘任张伯驹的过程恰好在时间上与陈毅的追悼会巧合了。

至于网络上的传说，大致有两个版本，一个是叫作"尚宫女史"的人编写的《陈毅追悼会上，毛主席看到一老人所作挽联，嘱周总理给他安排工作》。文中说：一个个花圈摆放在那里，让整个礼堂显得有点拥挤，在去往第三休息室的途中……还是有一个花圈吸引了毛主席的注意，那个花圈就放在角落里，很不起眼，但上面的挽联却让毛主席驻足观望，只见挽联是这样写的：

仗剑从云作干城，忠心不易，军声在淮海，遗爱在江南，万庶尽衔哀，回望大好河山，永离赤县。

挥戈挽日接尊俎，豪气犹存，无愧于平生，有功于天下，九原应含笑，伫看重新世界，遍树红旗。

当毛主席看到落款是张伯驹的时候，就说："好，张伯驹先生的挽联写得很好，很有气势，概括了陈毅的为人和一生。"

同时，毛主席转过身问身边的人："陈毅和张伯驹很熟吗？"又问："张伯驹呢？张伯驹来了没有？"

这篇文章接着又说："毛主席看着挽联陷入了深思，他还是很了解张伯驹的，知道张伯驹在保护文物上的贡献……"于是，毛主席回头对周总理说："我看像张伯驹先生这样的人才还是要给出路的，起码要给人家一口饭吃，你是总理，你给他安排一个工作吧。"

这些描写绘声绘色，看似合情合理的。但在更多正式出版的记述张伯驹生平的书籍中，大多是这样写的："这副挽联被悬挂在陈毅灵堂一个不起眼的角落里。""也许这副挽联写得有特别的地方，还是立即引起了毛主席的注意。"

"毛主席他老人家沉思着，问张茜，这个张伯驹是谁，与陈毅同志是什么关系。"

"这个张伯驹是什么人？"毛泽东问身边的周恩来。"一位民主人士，是陈毅同志生前的好友。"周恩来答道。毛主席又说："他（指陈毅）向我讲过，张伯驹现在在什么地方？"

"在北京。"周恩来说着，把张茜叫了过去，说："主席问伯驹先生呢!"

在另外一些书中,又写道,毛主席说:"恩来,让张茜这么一提醒,我想起来了,就是那位把李白《上阳台帖》赠送给我的大收藏家、诗词家张伯驹。"毛主席突然回过头来对周总理说。

看了上面这些说法,你真的很难确定哪个是真实的经过和场景。这副挽联到底是悬挂在一个角落里,还是在花圈上?

张伯驹在《五十年来我的情况》材料中说的毛主席看了这个挽联让周总理安排的话……该如何理解呢?我想,张伯驹请章士钊向周总理转交他的信,自己是清楚的,但信转交以后,周总理批示并由中央文史研究馆调查等具体

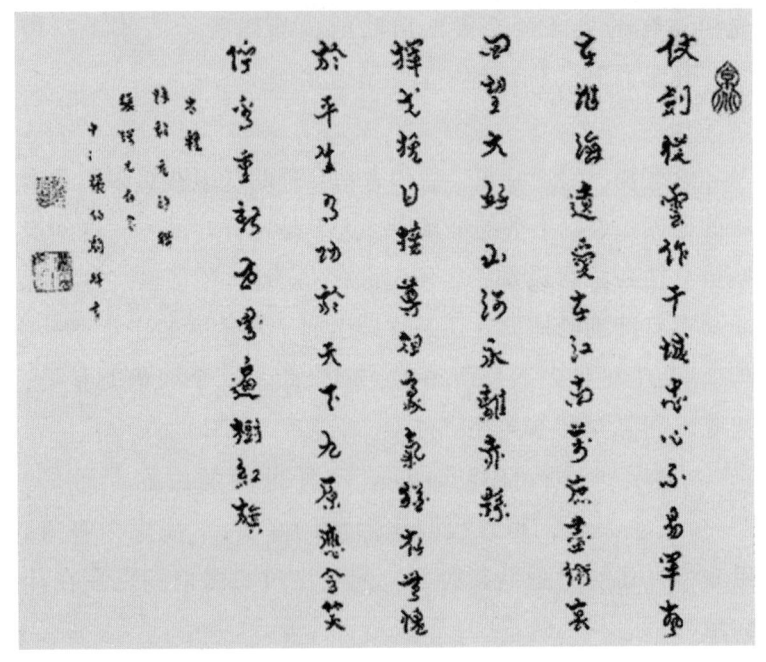

张伯驹《挽陈毅》联

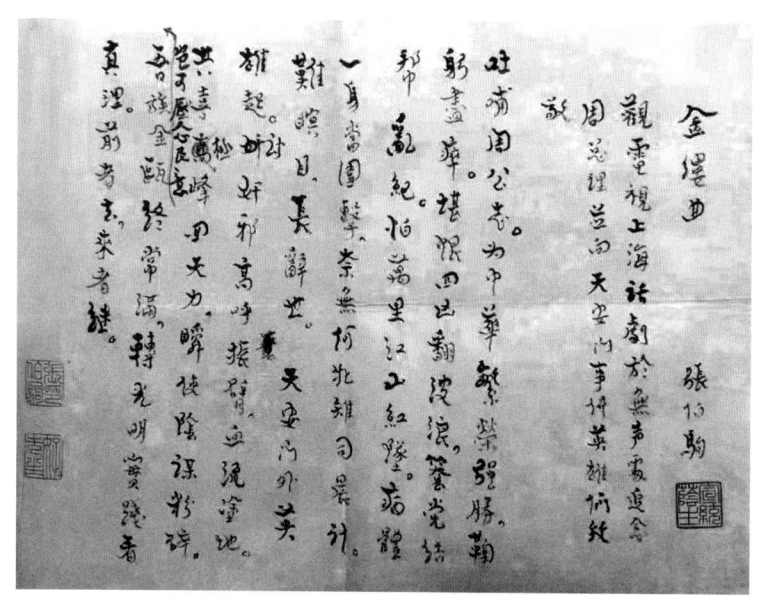

张伯驹填词《金缕曲》庆祝粉碎"四人帮"

落实的过程，他是并不了解的。他接到聘书的时间也确实在陈毅追悼会后十余天，所以对于这个传说的情况和他请章士钊转信的情况，究竟哪种情况起了作用，也就搞不清了。姑且相信坊间传说吧。

百代高标　千秋丛碧

　　张伯驹对我国文博事业的贡献是巨大的,主要体现在他向国家无偿捐献诸多珍贵的书画文物方面。这些书画大都被收藏在故宫博物院,所以,社会上流传着"为人不识张伯驹,踏遍故宫也枉然"的说法。

　　1953年,张伯驹通过中央统战部副部长徐冰,向毛泽东赠送了唐代诗人李白的书法真迹《上阳台帖》。同年,张伯驹又把自己收藏的隋代展子虔的《游春图》转让给故宫博物院。

　　1956年,张伯驹夫妇再次将《平复帖》等八件珍贵文物捐献给国家。文化部向其颁发了《褒奖状》:

　　　　张伯驹、潘素先生将所藏晋陆机《平复帖》卷,唐杜牧之《张好好诗》卷,宋范仲淹《道服赞》卷,蔡襄《自书诗》册,黄庭坚《草书》卷等珍贵法书共八件捐献国家,化私为公,足资楷式,特予褒扬。

　　　　　　　　　　　　　　部长　沈雁冰
　　　　　　　　　　　　　　一九五六年七月

《褒奖状》中的"等"字所包含的另外三件是：宋朝吴琚《杂书诗帖》、元朝赵孟頫章草《千字文》、元朝俞和楷书。

张伯驹夫妇将珍藏的八件国宝级的法书捐献给国家的消息，在全国文化界引起震动。文化部为此举行了捐献仪式，并奖励3万元人民币。张伯驹坚持不受，说是无偿捐献，哪能拿钱呢？怕沾上"卖画"之嫌。后经郑振铎一再劝说，告诉他这不是卖画款，只是对他这种行为的一种鼓励，他才把钱收了下来，并拿去买了公债。

在张伯驹捐出这八件文物之前，他在《丛碧书画录序》一文中，已对自己倾尽全部心血与财富，收藏文物珍品的"初衷"阐释得极为精警而感人：

> 予生逢离乱，恨少读书，三十以后嗜书画成癖，见名迹巨制虽节用举债犹事收藏，人或有訾笑焉，不悔。多年所聚，蔚然可观。每于明窗净几，展卷自怡。退藏天地之大于咫尺之间，应接人物之盛于晷刻之内。陶熔气质，洗涤心胸，是烟云已与我相合矣。高士奇有云："世人嗜好书法名画，至竭资力以事收蓄，与决性命以饕富贵，纵嗜欲戕生者何异。"鄙哉斯言，直市侩耳。不同于予之烟云过眼观，矧今与昔异。自鼎革以还，内府散失，转辗多入外邦，自宝其宝，犹不及麝脐翟尾，良可慨已。予之烟云过眼，所获已多。故予所收蓄，不必终予身为予有，但使永存吾土，世传有绪，是则予为是录之所愿也。
>
> 岁壬申中州张伯驹序

张伯驹向国家捐献的几十件珍贵文物，大都保存在故宫博物院，故宫博物院从中精选出 20 件（套）最精良的书画文物，其中书法作品 9 件，绘画作品 11 件，分别为：

西晋：陆机《平复帖》
唐代：李白《上阳台帖》
唐代：杜牧《张好好诗》卷
北宋：范仲淹《道服赞》卷
北宋：蔡襄《自书诗》册
北宋：黄庭坚《诸上座帖》
南宋：吴琚《杂诗帖》
南宋：朱胜非《杜门帖》
元代：赵孟頫《草书千字文》
隋代：展子虔《游春图》
北宋：赵佶《雪江归棹图》
南宋：马和之《周颂·清庙之什图》
元代：钱选《山居图》
元代：赵雍、王冕、朱德润、张观、方从义《元五家合绘图》
明代：唐寅《王蜀宫妓图》
明代：文徵明《三友图》
明代：周之冕《百花图》
清代：吴历《兴福庵感旧图》
清代：樊圻《柳村渔乐图》
清代：禹之鼎《纳兰容若像》

任职吉林

是怎样去吉林的

　　张伯驹1957年被划成"右派"后,就失去了工作,在家闲居,只有每周到北京市民盟学习一次,生活十分单调枯燥。一次参加学习,领导勒令他写检查,检查他当"右派"的错误及当下学习的体会。张伯驹枯坐了一上午,苦思冥想,就是一个字也写不出来,他又感到一张纸上不写一个字有点可惜,就在稿纸上画起了他最喜爱、也最得手的兰草来,寥寥几笔,栩栩如生的一丛兰草就画出来了,他又挥笔而就,在纸上题了一首诗:

　　　　湖波渺渺怨灵均,翠竹黄陵伴梦温。
　　　　独抱孤芳空谷里,任他桃李自成春。

　　这首诗最后一句的含义是很明显的,那就是任凭政治风云阴晴变幻,任他人争奇斗艳去吧,我还是我,一如孤芳空谷里的兰草,自我欣赏,独抱孤芳,不为世俗所动。
　　到了1961年10月,沉寂终于被打破了,张伯驹随夫人潘素去吉林再次参加工作。

张伯驹（左一）与友人在一起，右起：刘九庵、张珩、谢稚柳

这本来是一件很平常的事，但在一些记述张伯驹生平的书中却成了"传奇"。1961年初春，张伯驹夫妇突然接到长春发来的一封电报，内容是欢迎他们夫妇来吉林省工作，若二位应允，我们随即派员前去。夫妻俩捧读电报，惊喜了半晌，激动得不知说什么好。此时，张、潘夫妇方知是陈毅元帅的推荐。尔后，又接到一份电报，张伯驹打开一瞧，是吉林省委宣传部部长宋振庭发来的。电文说，伯驹先生，省委两同志随后将赶到贵府……张伯驹和妻子潘素激动不已。

其实，张伯驹关于他去东北这件铭心刻骨的大事件，一直有清楚的说明，他在《五十年来我的情况》一文中说："1961年吉林省艺术专科学校约我爱人潘素讲授国画。潘素因我年老无人照护，不肯去。后吉林省委宣传部约我夫妇同去。"

1971年10月，他在给周恩来总理的信中也写道："1961年夏，吉林省委宣传部约我夫妇去吉林省艺专讲授国画。原拟三个月或半年而归，至则留作长期工作，家人潘素在艺专任教，我任省博物馆副馆长。"

这些话已说明了，张伯驹去东北的原因并不是陈毅安排的结果。因为张伯驹曾说过，自他被打成"右派"起到1961年10月他去东北的四年间，他并没有去见过陈毅，只是临行前去向陈毅辞行，陈毅才知道张伯驹四年前被打成"右派"并且现在准备去东北工作的情况。这就是说，陈毅对张伯驹这四年来的情况并不清楚，那么，他在并不清楚老朋友情况又没有征求老朋友意见的情况下，怎么会突然与吉林省委沟通去安排张伯驹的工作呢？这不符合人之常情啊！至于陈毅元帅在得知张伯驹将去吉林省工作的消息后，表示要向吉林省委写信，要他们照顾张伯驹生活的话，则是顺理成章的事。如果说宋振庭或吉林省艺专拍电报告知张伯驹一些情况，也是合情的，也是可能的。

至于张伯驹与陈毅元帅的交情，那是很深厚的，张伯驹说过，共产党里有他两个朋友，一个是陈毅，一个就是宋振庭。但他与陈毅见面的机会并不多。特别是1957年打成"右派"以后，他就再没有找过陈毅，1961年，去吉林省时辞行一次，还有1962年年初，张伯驹与潘素回京过年,给陈毅带了东北的特产。陈毅收到后,就宴请了张伯驹,请齐燕铭陪张伯驹,张伯驹又约请陈云诰、黄娄生等人。可是万没料到,这竟是张伯驹与陈毅元帅的最后一次见面。张伯驹每提起这次会面,常常是感慨不已,痛惜连连。"文化大革命"中,张伯驹曾公开为陈毅鸣不平,并给陈毅写信慰问,并想请陈毅过问他回京后的生活。可惜的是,陈毅在"文化大革命"中也遭到红卫兵批斗,处境并不好,张伯驹与他实际上是联系不上的。1972年年初,陈毅去世,张伯驹悲痛万分,挥笔写了悼念陈毅的挽联,这个挽联很出名,原文是:

仗剑从云作干城,忠心不易。军声在淮海,遗爱在江南,万庶尽衔哀。回望大好河山,永离赤县;
挥戈挽日接尊俎,豪气犹存。无愧于平生,有功于天下,九原应含笑。伫看重新世界,遍树红旗。

后来有人说,这副挽联被挂到陈毅的追悼会上,当然,那也是个"传奇"。张伯驹是1957年在北海举行"明清书画展"时结识陈毅的,一见成为知交,因为他们都有共同的爱好,就是作诗和下围棋。张伯驹很喜欢陈毅诗作的豪迈慷慨,同时他和陈毅也有着同样的快语直言的性格。

于是,他们一见成为知音。他们虽然见面不多,但心是相通的。张伯驹与陈毅不是江湖义气方面的"铁哥们",他们是情深义重的至交。

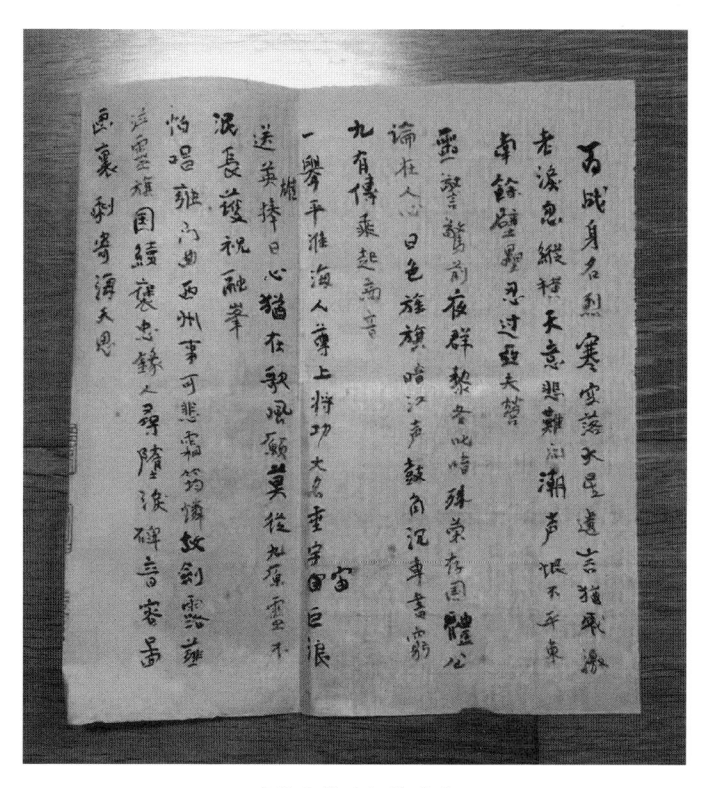

张伯驹悼陈毅诗手迹

在吉林的情况

1965年张伯驹在北海赏花

张伯驹去吉林长春后，可以说是他在被划成"右派"后苦难命运的一个转折点，此后几年间，他的经历无论对他的文学艺术创作、文物收藏都是一个获得重要成就的发展时期，同时，在生活方面，对于他的身心健康都是有好处的。他把这一段时间比作"春游"，应该说是很有意思的。虽然他把自己比作道君和吴汉槎，但他这几年的处境与吴汉槎还是大为不同的。

1962年年初，他就摘掉了"右派"帽子，政治压力减轻了，更重要的是吉林省的许多领导干部对他很重视、很尊重，拿他当长者看，当专家看，当朋友看。如宋振庭，还有吉林省文化局局长高叶，吉林省博物馆党支部书记王承礼等人，都很尊重他。人家还知道了他是陈毅元帅的朋友，这一点也很重要。

张伯驹有了被人尊重的人情氛围，他的工作热情、生活乐趣都被调动、激发出来了。先是在职称上任副研究员，接着任副馆长，工资也是一百四十九元五角。王承礼问他工资少不少，张伯驹说不少，很满足。接着是1962年春，吉林省政协开扩大会议，宋振庭又推荐他列席参加会议，这一系列的政治、经济待遇都是张伯驹在北京难以遇到的。

当然，这里面与陈毅元帅的朋友关系是起了作用的，因为张伯驹曾说过，宋振庭曾问过张伯驹是如何认识陈毅的，并且说，陈毅已向省里领导打招呼了，要对他加以照顾。张伯驹说，陈老总会作词，他也会作词，都是词友，就这样认识的。这当然有点过于简单，两人说后都笑了。张伯驹又说，他没有问宋振庭，陈老总要省里在哪些方面对他进行照顾，宋振庭也没有说。这些事实际上也不需要细说，很明显，在工作上与生活上都给予了关照。

后来，张伯驹与宋振庭更加熟悉，关系更密切，也就对宋振庭讲了他来东北前与陈毅元帅辞行的情况，张伯驹说：

我来吉林前给陈毅副总理去一信，说我1957年与公曾见一面，至今未忘，承党不以衰朽见弃，约去吉林教课，不日成行，特函告辞。

两日后陈老总派车接我到中南海见面。陈老总问我：到吉林教什么课？

我说：到艺专教书法史、绘画史、诗词等。

陈老总说：这是你的专长。

又问我："右派"帽子摘掉了没有？

我说：还没有摘掉。

陈老总说：你是旧文人，难免性情孤僻，新事物知道又少，或为人所不谅，你的一生所藏的书法精品都捐给国家了，你还会反党吗？我同他们说，给你改一改好了。

我说：我受到教育，对于我很有好处。

陈老总说：你这样说很好，我谢谢你。你到吉林，我要那边对你关照一下。

最后勉励张伯驹：要忠于毛主席，忠于社会主义。我跟毛主席几十年了，都听毛主席的话。我告别时他又说，有什么事随时通信。

所以说，有了陈毅元帅的关照，张伯驹在吉林工作时的心情是比较舒畅的。只是想家时遥望北京，又生出一种离愁。

宋振庭放手让张伯驹收购书画文物，张伯驹就建议把当时市场上张大千、溥心畬等历代名人书画扇面和成扇，历代名人书札册页等作品尽数收藏，要把吉林省博物馆办成书画收藏和研究的中心。宋振庭支持张伯驹的建议，于是，张伯驹便回到北京收购书画。其中收购张大千、溥心畬等书画家的作品每人都在百件以上，后来吉林省博物馆曾说，该省博物馆是大陆收藏二位先生绘画最多的单位，扇面和成扇作品有1000多件，名列全国博物馆收藏扇画作品前列。

张伯驹还先后将自己珍藏多年的60余件书画及书籍资料等文物捐献给吉林省博物馆，其中有一件是他最喜爱的，留作晚年自娱的宋代杨婕妤《百花图》卷，另有南宋赵伯骕《白云仙峤图》卷、《宋拓九成宫醴泉铭》册、元代仇远的《自书诗》卷、明代薛素素的《墨兰图》轴等。所以，王承礼形容张伯驹的工作，说他"相当卖力气，相当卖力气"。

张伯驹在吉林期间还写了很多词，他汇集一册，名为《春游词》；他还和于省吾、罗继祖等一批学者谈论掌故、书画、风俗，先后出了七册《春游琐谈》。可见，张伯驹在东北的文化生活是很丰富的。

张伯驹在吉林时回京次数不多，但一般是回来度夏或是过春节，期间，儿子张柳溪也去北京看过他。女儿张传綵更是千里迢迢，从西安到长春，一路风尘，是多么不易啊！

任职吉林 · 183 ·

南湖生活与唱戏

1961年年底,张伯驹初到长春,便与夫人潘素被安排到吉林艺术专科学校南湖宿舍,因为潘素就是受吉林艺专之邀来该校授课的。

这个住处是个小院子,三间北房,一间做卧室,一间待客,一间是书房,地方虽然不大,但此时已经和吉林省委宣传部部长宋振庭一样,享受同等待遇了,足见吉林人民对张伯驹夫妇的欢迎与尊重了。

更令张伯驹喜欢的是,这一住处紧邻一座宽阔美丽的南湖公园,林木茂盛,绿草茵茵,小径掩映,野花点点,且空气新鲜,环境十分开朗清静。吉林艺专的学生常常见到一位60多岁、高高瘦瘦的老头在此散步,成为独特的一景,这位老人就是张伯驹。

曾在吉林艺专任职的任凤霞对此有一段十分精彩而令人陶醉的记载,她说:"每每清爽的早晨,温煦的阳光泻在他那身黑色布衣布裤上,一双布鞋踏在弥漫着水汽的草地上,他略微弓腰,面色温和平静,时而停下来,弯下腰与正在吃草的小羊颔首点头,小羊抬起头凝视着他,他缓慢地摇着头,口中像是发出哼唱之音,唱什么,学生好奇近前细听,噢!似在陶醉在西皮、二黄之戏韵里。"

张伯驹爱唱京剧,这是吉林艺专教师都知道的,一次吉林艺专美术系举办教职员联欢会,把张伯驹也请去了,席间有人提议请张伯驹来一段,他一点也没推辞,站起来就唱了一段《洪阳洞》。他微微弯着腰,闭着眼睛,唱腔气韵虽略显不足,但特别投入,自己也很陶醉。

张伯驹更喜欢也更投入的还是在舞台上的演出。

1962年夏天,张伯驹在吉林省戏校示范演出了《打渔杀家》,长春戏剧界唱老生的演员都去观摩。张伯驹在剧中扮演萧恩,省戏校的老师们助演。荣春社的著名男旦青衣演员崔荣英扮萧桂英。张伯驹饰演的萧恩,扮相、身段都极为漂亮俏美。有个动作令许多人多年后还在绘声绘色地描述,萧恩在和大教师交战之前,有这样几句道白,萧恩问大教师:"娃娃您当真要打?""当真要打。""果然要打?""果然要打!"这时萧恩怒了,高喊一声:"也罢!待老夫将衣帽留在家中,打出个样儿来给你们见识见识!"说罢,张伯驹扮演的萧恩,瞬间摘帽脱掉老斗衣放在抬起的一条腿上。那身段又快又稳,帅极了,他的唱腔余味十足,吐字十分讲究。

演出结束后,宋振庭陪同省领导到后台看望张伯驹,道声辛苦。张伯驹倒显不安地说:"献丑了!献丑了!老不唱了,生了,唱得不好,诸位多包涵……"

1963年,张伯驹还与著名演员梁小鸾在长春演出了《游龙戏凤》,张伯驹饰正德帝。

和宋振庭的关系

潘素（左）、张伯驹（中）、宋振庭（右）在一起

张伯驹一生结交了许多朋友，大都是书画家、学者、词人、书法家，例如黄君坦、萧劳、章士钊、启功、朱家

潜、沈裕君、叶恭绰、周汝昌等，可以说是"谈笑有鸿儒，往来无白丁"。但身份为共产党员的朋友，张伯驹认为最亲近的就是陈毅和宋振庭了。

可以说，宋振庭对张伯驹有知遇之恩，他是张伯驹在一个相当长生命历程中一个遮风挡雨的领路人和照顾者、保护者，甚至是与张伯驹朝夕相处，在生活上、工作上都是不可或缺的朋友。

宋振庭知道张伯驹是收藏大家，对文物工作很擅长，所以他把张伯驹安排到吉林省博物馆后，就对该馆党支部书记、副馆长王承礼说，张伯驹的"右派"帽子不要往外说，内部掌握就行了，看能不能给他先设个既不违反规定又能发挥他特长的位置，将来解决了他的"右派"问题以后，再行新的安排。王承礼经过考虑，就在博物馆为张伯驹设了一个"副研究员"的岗位。

第二年，张伯驹的"右派"帽子被摘掉后，宋振庭又安排张伯驹担任了第一副馆长的职务。同时，他又对王承礼说，张伯驹涉世不深，旧政治、新政治都不太懂，但从事业出发，他是人才，对他要爱护，保护着点、关照着点。由此可以看出宋振庭是张伯驹真正的知音。

有一年，张伯驹想请他的天津朋友张牧石为宋振庭刻一方印章，就给张牧石写信说："吉林省宣传部部长宋振庭闻我言，北方治印家惟君第一。欲得弟台治印二方。此人雅为党人，乃我道中人，与我交好甚笃。"在这封信中，张老对宋振庭的感情，评价以及宋振庭的文人雅趣都可以看得很清楚了。

1966年，张伯驹受到批斗，让他揭发批判宋振庭。他不得不揭发啊，不然过不了关，于是他写了两条，第一条一句："他说我不懂政治，要帮助我。"第二条两句："宋振庭说我不是搞政治的，是才子名士，统战对象。我认为是知己。其实，才子名士是文化革命对象。"这两条揭发真是有意思，也真可以看出，宋振庭是在处处帮助他，没有把他当成"牛鬼蛇神"看，说他是"才子名士"，其实说得对，也真不是"牛鬼蛇神"，但张伯驹却偏偏认为"才子名士"就是"革命"对象，是"文化革命"对象，即"牛鬼蛇神"。这一条意思就是说，你宋振庭不该把我当成"革命"对象啊！

宋振庭赠诗，张伯驹和韵（张伯驹用铅笔写在纸上）

说张伯驹不懂政治，真是说对了，他说这句话，看似糊涂，其实对宋振庭也没什么伤害，相反，以这种看似糊涂的语言还真能帮助宋振庭呢！

1978年以后，宋振庭调中央党校工作，他有时还来看张伯驹。回忆起长春岁月，他也不胜感慨，于是给张伯驹写了一首诗：

    旧两京华忘年交，生死途穷历两朝。
    文采风流遗一世，孤标阅世忘羽毛。
    千金一掷不回首，心存前贤睨儿曹。
    大劫之余惊身在，一杯冷酒话通宵。

张伯驹也挥笔和了一首：

    雪霜久历岁寒交，几换沧桑梦旧朝。
    世事何睁双眼目，人生不过一毫毛。
    好花并气称君子，浩劫成灰剩我曹。
    今日相逢杯酒在，千金休放话长宵。

没想到，宋振庭调到北京没几年，张伯驹就因为一场感冒去世了，宋振庭得到张伯驹去世的消息异常悲痛，给张伯驹送了一副挽联：

爱国家、爱民族、费尽心血，一生为文化，不惜身家性命；

重道义、重友谊、冰雪肝胆,赍志念一统,豪气万古凌霄。

这副挽联被人们认为是对张伯驹一生最全面、最真实、最精彩的评价了。

对吉林文博事业"相当卖力气"

"相当卖力气",是当年吉林省博物馆党支部书记、副馆长王承礼在回忆张伯驹为省博物馆东奔西走征集文物情形时说的一句话,这句话既含有深厚的感激之情,又活灵活现地刻画出张伯驹征集文物工作的态度和用力。

张伯驹去吉林最初的工作意向是在吉林艺专教授书法和艺术史。而时任吉林省政府文化处处长的宋振庭则别有一番用人魄力与见识,他安排张伯驹到吉林省博物馆工作,以充分发挥张伯驹的专业特长。开始,张伯驹任副研究员,1962年3月,又任博物馆第一副馆长(馆长一职空缺)。

张伯驹首先把遗落在公主岭的明代画家董其昌的一幅代表作青绿山水《昼锦堂记》买了回来。紧接着,他一方面对馆藏书画重新进行整理鉴定,培养业务骨干;一方面组织人力对历代书画、文物进行寻访和挖掘。他亲自带队到北京、天津文物市场或向有关人员征集文物。他还建议,把当时市场上张大千、溥心畬等近现代名人书画扇面或成扇,历代名人书札册页等作品尽数收藏,要把吉林省博物馆办成书画收藏和研究的中心。仅他购藏张大千、溥心畬等书画家的作品每人都在百件以上，顿使吉林省博物馆成为国内收藏二位先生绘画最多的单位。扇面和成扇作品也有一千多件，名列全国博物馆收藏扇画作品前列。

从1962年到1964年，张伯驹共征集历代书画225件，其中包括元代倪云林的《敬亭山寺图》、张渥的《临李龙眠九歌图》，还有北宋苏轼的《洞庭春色赋》《中山松醪赋》二赋卷、清代丁观鹏摹《张胜温法界源流图》等书画名迹。

对张伯驹卓有成效的工作，宋振庭曾感叹地说："张先生使我们吉林省博物馆一下子成了富翁了。"

后来，即张伯驹离开吉林的1970年，还慷慨地向吉林省博物馆捐赠了几十件书法、名画和书籍。他曾在一篇文章中写道："七〇年三月，我爱人潘素随我退职……退职时，我捐给博物馆一批文物，有元赵孟頫书千字文一卷，明王谷祥花鸟一卷（皆故宫佚失精品），明杨廷和书札一册，唐人写经一卷，又写经一册，宋拓圣教序一册，明董其昌、赵宦光、张瑞图，清陈洪绶、周亮工。宋对联六件，明陈古白兰花一卷，明文震孟图章一方，旧墨一匣及书籍等（有收据单）……"

实际上，在此之前，他已向吉林省博物馆捐赠的还有南宋赵伯骕的《白云仙峤图》卷、《宋拓九成宫醴泉铭》册，元朝仇远的《自书诗》卷等。

张伯驹前前后后共向吉林省博物馆捐了22件精品书画文物，分别是：

唐代：唐人写经《大般若波罗蜜多经》
宋代：杨婕妤《百花图》
宋代：赵伯骕《白云仙峤图》
宋代：宋人《宋拓九成宫醴泉铭》
宋代：宋人《圣教序法帖》
元代：赵子昂《篆书千字文》
元代：仇远《自书诗》卷
元代：颜辉《煮茶图》
明代：薛素素《墨兰图》轴
明代：来复《行书七绝诗》
明代：曾鲸《侯朝宗像》
明代：王榖祥《花鸟图》
明代：张瑞图《行书沈佺期诗句》
明代：董其昌《行书五言诗句》
明代：赵宧光《篆书波光树色五言联》
明代：文彭《草书自作诗》
明代：顾媚《兰花图》
明代：陈元素《兰蕙图》
明代：龚鼎孳《行书自作诗》
清代：蒋廷锡《瑞蔬图》
清代：张祥河《松石水仙图》
清代：周亮工《行书惟应见说七言联》

张伯驹的捐赠，丰富和完善了吉林省博物馆馆藏书画的收藏结构，成就了吉林省博物馆"书画重镇"的地位。

王承礼一直记得张伯驹那句朴实又充满感情的话语:"在吉林待一回,要给吉林留下东西。"

(本文参阅资料主要是山东大学薛丛美2018年硕士论文《游心翰墨——张伯驹书画鉴藏研究》;中央美术学院李楠楠2014年硕士论文《张伯驹书画研究》)

《春游琐谈》

20世纪五六十年代,吉林省的文化教育界,是一个大师汇聚、群星璀璨的时期,就职科研机构和各大院校的学者、教授如杨振生(今甫)、于省吾(恩泊)、罗继祖(奉高)、裘文若(伯弓)、单庆麟(致任)、恽宝惠(公孚)等。他们与张伯驹一样,都是传统的"士人"。在他们身上,我们能清晰地看到传统士人的言行操守……他们接续历史,又展望未来,他们吸吮于诗书,洗礼于乱世,养成于国学……

1961年,张伯驹来到长春,见到了他的老朋友于省吾,通过于省吾的介绍,张伯驹又先后结识了罗、单、裘、恽等人。

各位先生因为共同的爱好,一见如故,不久,张伯驹就提议,利用星期天的时间,大家共聚一堂,把自己收藏的书画作品与古代器物拿出来鉴赏品评,同时,每人都写一篇文章,笔记、考证、词章、掌故、逸闻均可,体裁不限。

对于这样的每周一会,张伯驹命名一个雅号,称为

"春游社"。因为他曾收藏过《游春图》，又改称自己在"承泽园"的住宅为"展春园"。至于每人每次交上来的文章，张伯驹则亲自汇编刻印成册，取名为《春游琐谈》，这真是文人的雅兴，更是吉林文化界的盛事。

对于这样的雅集活动，裘伯弓曾有诗文加以记载，1962年4月，裘伯弓在《春游社琐谈·春集纪事》一文中对此有过生动的记述：

壬寅清明后数日，集吉林省博物馆，是日有王庆淮、潘素、孙天牧诸君各写松竹梅石，思泊、继祖、威伯诸君各作书，星公（按，即宋振庭）、继祖、丛碧诸君各写联，丛碧又歌京剧一曲，李延松君弹琵琶《十面埋伏》。是日尽欢而归，觉山阴之会未有今日之乐，因得四绝句：

雪后初晴雅会开，新知旧雨不期来。
时贤各擅诗书画，此是长春第几会。

恨无曲水与流觞，窗外风沙竟日狂。
赖有胡琴当羯鼓，催花促柳转春阳。

高歌直上遏行云，余派声歌迥出群。
人在管弦丝竹里，风流不数右将军。

琵琶古调换新声，埋伏疑是十万兵。
一洗浔阳商妇怨，金戈铁马话长征

从 1962 年开始到 1965 年，张伯驹收录了 36 人的 363 篇文章，编成六卷，第七卷编了一半，因社会上"阶级斗争"的政治气氛日趋紧张而中断。"春游社"也一度被怀疑是反革命组织而受到审查。但查来查去，也查不也什么"阴谋诡计"，最后也是不了了之了。

直到改革开放初期的 1984 年，《春游琐谈》终由中州古籍出版社正式出版。2018 年又由南开大学出版社经楼朋竹校订后再版。

2021 年 7 月，中华书局出版的《春游琐谈》（平装全七册）是目前《春游琐谈》最完整的版本。这是一本有关中国历史，特别是文化艺术诸领域有关记载的、极有价值的参考资料，也是张伯驹留给吉林人民的一份珍贵礼物。

《春游词》

　　张伯驹 1961 年 10 月的吉林之行,虽然脱离了苦闷无聊、备受歧视和压抑、难有作为的环境,却迎来了老尚能为的新生活,但到底已非志在四方的勇闯天涯,而是无奈之举。不料这颠沛流离的生活和凄凉倒成了他情感的源泉和诗词创作的素材。他文思泉涌,挥洒词笔,写尽风霜坎坷,写尽人生感慨。

　　1962 年春节时,张伯驹夫妇回京度岁,虽然才离开北京仅仅几个月,思乡之情便溢于言表,有《定风波》一词。

　　辽海归来雪满身,相逢容易倍相亲。灯外镜中仍故我,炉火,夜阑灰尽酒犹温。
　　明岁天涯应更远,肠断,春来不是故园春。几点寒梅还倚傍,才放,也难留住出关人。

　　这首词文字优美,音韵婉转和谐,而情意悲苦,颇耐寻味。"也难留住出关人"真是别出心裁,花也有情,想留主人而不得。同样情怀,更能动人心扉的词还《浣溪沙》。

出关后,家无能养花者。腊尽归来,盆梅只一花一蕊,憔悴堪怜,词以慰之。

去后寒斋案积尘,庭除依是雪如银。小梅憔悴可怜人。半笑半啼应有恨,一花一蕊不成春。那堪吹笛为招魂。

这首词妩媚至极,是张伯驹婉约词的典型之作。

再看他的另一首《浣溪沙》。

雨后残阳噪乱鸦,轻寒楼外柳风斜。小阑独立落藤花。酒意渐消知是客,鹃声不断道无家。惹人归梦绕天涯。

这是一首写景抒情词,风景精美至极,澄澈剔透,词情却是惨然。上片写景,疏淡而闲静,然又透露着不安、烦愁和伤感。乱鸦、绿柳,惹人乡思。"小阑独立落藤花",很幽静,颇有诗意。上片短短三句。语言平易,环境却很典型,残阳、乱鸦、绿柳、藤花,很多鲜明的意象,其中所包含的苍凉萧瑟的意蕴,自然会勾起沦落天涯的那种孤寂;反过来,其实景色是很美的,只是作者心中思乡,景物才带上了离愁的色调。下片由听到悲伤的鹃声,直接抒情,把上片景色中所蕴含的情绪淋漓尽致地宣泄出来。"惹人归梦绕天涯",把这种情感推向极致,然而家在何处?作者的境况又不同于所谓一般意义上的"游子",何日是归期?故园还是不是家?不知道,说不定就

任职吉林 · 199 ·

要在这工作一辈子了。所以"道无家"更深刻地刻画出作者漂泊他乡、命运飘摇的悲苦。

这种人生况味含蓄而直接的表达，不能不令人叹赏词人的笔法绝妙，词人所抒发的思乡愁绪，也道出了人人所能理解，但未必能道出的普遍情感，分外感人。

张伯驹的《春游词》中除许多清新婉转、含蓄蕴藉、寄情深微的词作外，还有风格豪放、气势雄壮的词作，且不说他那首著名的《六州歌头·长白山》中那"昆仑一脉，迤逦走游龙。承天柱，连地首，势凌空，耸重重……"气势突起的发语不凡，另一首《鹧鸪天》堪称壮阔雄浑的佳作：

壬寅冬初，独立吉林松花江上看雪。

四望迷蒙瞑不开，江流一线自天来。衰黄败柳迎风舞，残绿荒沙委地埋。

寒悄悄，白皑皑，粉弓弹出玉楼台。征人情意诗人兴，只少梅花与酒杯。

张伯驹在吉林几年间的词作，是其一生词作艺术中最为重要、最为成熟，也是成就最高的时期。其词风由早期的优雅、轻灵、婉转的明快妍丽逐步过渡到了悲苦、沉郁、凄楚的沉哀入骨，而又不失优美和委婉。

士人风骨

照顾袁克定

张伯驹和袁克文是表兄弟。

张镇芳和儿子张伯驹并没有把袁家当君主,自己当臣子的意思,特别是张伯驹不但一贯反对袁世凯称帝并讽刺过他,且对于袁克定早年一心想当"太子"也是非常反感甚至是与其水火不容的。他曾多次讽刺过袁克定,如他的一首诗道:

纵使龙兴鼎革新,后来谁是继承人。
邺台只有陈思俊,惜少唐家李世民。

这首诗的意思是说袁克定才能远不及李世民,无法帮助父亲底定江山。

1937年,已是袁世凯死去二十多年后,帝制的闹剧早已灰飞烟灭,袁世凯的儿子袁克定也早已风光不再,这时他住在万牲园,这一年他60岁寿辰时,张伯驹前去祝寿,并赠他一副寿联:

桑海几风云，英雄龙虎皆门下；
蓬壶多岁月，家国山河半梦中。

这副联语明显是说袁世凯称帝失败后，众叛亲离，门前冷落，大有历史不堪回首之感。

袁克文像

张伯驹还有一首诗：

乡号重瞳旧比邻，红梅共画痛姻亲。
兴亡阅尽垂垂老，我亦新华梦里人。

这首诗是因怀念袁克文而写的，并不是写给袁克定的。张伯驹是说想到了和袁克文共绘梅花的情境，在梦中又回到了当年那个时代，也就是"我亦新华梦里人"。但无论如何也看不出张伯驹到死都追随袁家的心思啊！

袁克定晚年时，张伯驹常接济他，并把他接到自己家里关照他，并非出于张家对袁家有报恩心理，也不是什么没有袁家，就没张家。张镇芳29岁时已是进士，他在户部和长芦盐运使上的能力是世人清楚的，还是寓真先生在《张伯驹身世钩沉》一书中说得好，他说：张镇芳"为官并非靠谄谀媚上，而是靠他的忠厚、干练和能力……张镇芳在长芦盐场的管理中，忠于职守，苦志经营，整顿有方，成绩昭著，确为事实，尤其是他毅然抵制法、俄、日等外国商人侵占我国资源、维护国家经济权益，耿耿忠心可见"。（见寓真《张伯驹身世钩沉》，三晋出版社，2013年版，第21—22页）

还说张伯驹接济袁克定一事，那是出于至仁至性的情怀。

1948年，袁克定已到了穷困潦倒以至难以度日的地步，那时的袁克定干瘦、矮小，拄着拐杖走路，瘸得很厉害,已是一个可怜的,没人关心的,有些孤僻的70多岁的老人。张伯驹就把他接到了展春园。据张柳溪说,那时,他正在辅仁大学上学,有时去父亲家里,是见过袁克定,也与他打过招呼的,他的态度和蔼,已没有什么趾高气扬的气派了,风度是平和的。

袁克定对张伯驹不念旧隙、宽仁以待还是感激的,并没有觉得张伯驹照护他理所应当、压根儿不领情的意思。那时候章士钊曾以中央文史研究馆副馆长身份,给袁克定一个名义,让他写文史资料,按月发生活费。袁克定每次拿到钱,都要交给潘素,潘素不收他的钱,张伯驹说:"我们既然把他接到家里住下,在钱上就不能计较了。"1958年,袁克定死了,也是张伯驹为他料理的丧事。

有一次,张伯驹的好友章伯钧问张伯驹:"袁克定后来的情况怎么样?想必张先生是清楚的。"张伯驹如实相告:"克定大半生追随其父,为袁世凯出谋划策,自己也身受荣华富贵。到了抗战时期,克定的家境每况愈下……华北沦陷,有一次曹汝霖劝克定把彰德洹上村花园卖给日本人,袁家的亲戚听说这个消息,也都议论纷纷。赞同的,怂恿的颇多……克定坚决不同意,说这是先人发祥地,为子孙者不可出售。当时占领华北的日本陆军长官土肥原贤二,由于从前与袁世凯认识,还想笼络袁氏之后,尤其是长子袁克定,如果克定能在华北伪政权任职,恐怕对北洋旧部还能施加影响。但克定掂量再三,决计不干,对外表示自己因病对任何事不闻不问,并拒见宾客。克定身处困顿之境,拒任伪职,也是有气节的。"

张伯驹正是看重克定的气节，也因为有亲戚关系，才把他接到家里。但对袁克定的一些古怪性格，也多有调侃挖苦的打趣之作，如袁克定说他闻不惯院里桂花的香气，张伯驹就作诗道：

新移园墅小轩堂，明月中秋照夜凉。
怪底多为遗臭事，生来不爱桂花香。

张伯驹描写袁克定的另一首诗更是充满玩笑和揶揄的味道了：

日课拉丁文字功，凌晨起步态龙钟。
皇储谁谓无风雅，秃笔还能画草虫。

性格的怪僻

张伯驹的性格是很有特点的,不熟悉他性格的人,觉得他不容易接近。其实他为人是很平和的,他并没有那种盛气凌人的高傲,只是性格有些古怪。

天津有他一个朋友叫张牧石,两人关系特别好。一次张伯驹去天津,天才蒙蒙亮,张牧石夫妇还没有起床,他拍了几下门,无人应声,陡然性起,就从地上捡起一块半截砖头,砰砰地砸起门来。张牧石从梦中惊醒,慌忙开门一看,张伯驹手里的砖头还没有扔掉,弄得人家哭笑不得。你看,这会儿张伯驹还像个文人吗?他就是这么个性格。

张伯驹有个朋友叫孙养农,对他的性格特别了解。孙养农说张伯驹:"为人风雅但是生性有些孤僻。外貌落落寡合,所以跟他不熟的人,望之生畏而不敢亲近。其实他是名士派,不惯作普通的周旋而已,我因为他如此,所以叫他'张大怪',他也不以为忤……因为他生性沉默寡言,每次到余叔岩家去,如果不学戏,就在烟铺上一躺,像徐庶进曹营一样一言不发。别人都知道他的脾气,所以也不多同他交谈或寒暄,由他闭目屏息地躺在一旁,听别人的说笑。"

孙养农还讲过两个他陪着张伯驹听戏的事儿。有一次在上海,他们在一起听一个名角唱《四郎探母》,张伯驹听他唱得不认真、不规范,立时大怒,离开座位就往外走,口中还喃喃有词。孙养农急忙跟上,问他什么事,张伯驹用河南话说,前后门上锁,放火烧。孙养农一愣,就问他,干什么呀?张伯驹气呼呼地说,连听戏的带唱戏的,一起给我烧。孙养农终于明白张伯驹的意思了,不禁哑然失笑。这种性格直率得近乎荒唐,但正可以看出张伯驹对传统京剧艺术的认真和热爱。

还有一次,听谭富英的《群英会》,有个演孔明的老生,在戏台上戏弄起观众来,唱戏大耍花腔。张伯驹是懂戏之人,当然懂得他这一手,顿时火起,径直跑到台口,用手指着这位演员骂道:"你不是东西!"骂完回头就走,台上台下的人都莫名其妙地直发愣。张伯驹这种毫不留情的做法,别人都以为他是不懂得人情世故。其实,他就是这么个直率的个性。

有一个更典型的事例足以说明张伯驹的这种个性,这件事是张伯驹的儿子张柳溪回忆的。张柳溪说,他家住在天津时,张伯驹有一次去演票戏,也给妻子王韵缃搞了一张戏票。戏剧散场后回到家中,颇为自得地问妻子王韵缃,我唱得怎么样?王韵缃笑答,唱得不错,就是声音低些。不料张伯驹听罢气呼呼来了一句,驴叫得声音高,你去听吧。顶得妻子再也接不上一句话。

张伯驹的个性不仅直率,反对虚伪做作,而且有时又显得执拗。1973年，张伯驹已76岁了。这一年，袁克文的儿子、著名物理学家、美籍华人袁家骝从美国回来探亲。周恩来总理负责接待。袁家骝提出要看望他的表叔张伯驹。因为张伯驹与他父亲袁克文是表兄弟且很要好啊！于是，国务院办公厅先派人看了张伯驹的家，家具陈旧，有碍观瞻。这可是具有影响的大事啊，于是提出临时给张伯驹安排一所条件较好的住处，以壮门面，或者换掉破旧的家具。不料，张伯驹不同意，说我家就是这个样子，我就是这样，什么就是什么，何必换呢？最后，家具还是没有换，工作人员只好安排张伯驹和袁家骝在北京饭店见了一面。

张伯驹的性格就是这样，但在生活上，却又能够适应各种环境，富时，吃得考究，山珍海味、西餐美酒都是开怀畅饮，尽欢而散；穷时，也能过粗茶淡饭的日子，有时一个大葱炒鸡蛋就算是上等佳肴了。平时也不抽烟、不喝酒、不赌博，没有什么特别的嗜好。

画家黄永玉在北京西郊莫斯科餐厅偶遇晚年的张伯驹，说他点了一盆红菜汤、几片面包，草草食毕，将剩下的面包、黄油用小手帕裹好带走。后来他曾画了一张画，画中张伯驹头戴毡帽，身穿一件河南乡间老农常穿的中式粗布棉袄，腰间系一条粗布腰带，就是一副典型的乡人穿戴。这样的服装在家里他也常穿，都是棉布对襟褂子，布条盘的扣鼻。他年轻时不穿丝绸，也不西装革履，而是常年一袭长衫。但张伯驹也有穿得光彩照人的时候，那就是鸭舌帽、毛呢中山装，气质高雅不凡，一看颇像个高级干部或穿着讲究的学者。他也有年轻时身穿军装的照片,更是身板挺拔,威武严整,英气勃勃,可惜,这些照片在"文化大革命"中都被家人烧毁了。

义 气

张伯驹为人坦白、正直,毫无心机,有时又显得有些执拗,让人难以理解,但他既不会巴结权贵、阿谀奉承,也不会落井下石、谋人不忠。例如,张牧石曾讲过这样一件事:有一次张伯驹受邀到天津讲学。天津市政协的一位老先生,受领导之托,请张伯驹吃饭。这位老先生对张牧石说:"你和伯驹先生是朋友,明天见我们主任时,请他替我对主任美言几句。"张牧石如实转告,不料张伯驹听了,反问张牧石:"你看我是这样的人吗?"弄得张牧石满脸羞红。

但是,张伯驹又是一个最讲人情的人,最讲朋友气节、义气的人。例如,在反右派斗争中,京剧演员钱宝森批判他的时候,有些过火言辞——其实这也怪不得钱宝森。那时人人自危,人们也只好以假积极求自保。后来,钱宝森去世,张伯驹托人带去100元赙仪。这在当时是个不小的数目,一个月的伙食费也不过10元左右,有人劝他不必给这么多,意思意思就行了。但张伯驹坚持送100元,说当初钱宝森帮他打把子练武功,是有交情的,为人要讲情意。

还有一件事更能说明张伯驹性格中的义气和气节，他对人从不因人家权高位重而趋附，也不因人蒙尘落难而疏远回避。

张伯驹的朋友章伯钧。章伯钧可是一位全国著名的民主人士，曾是民盟的主要负责人，新中国成立后曾历任中央人民政府委员、全国政协常委、副主席，交通部部长等职。1957年，被打成"右派"，但又被保留了全国政协常委职位，"文革"中忧愤成疾，病逝于北京。直到1980年，他的所谓"罪行"材料才被推倒，他的骨灰也终于被安放到八宝山革命公墓。

张伯驹也是民盟成员，和章伯钧认识且是朋友，只是交往并不多。1959年以后，张伯驹赋闲在家，章伯钧曾让女儿章诒和到张伯驹家跟潘素学画画。他待张伯驹很客气、很尊重，张伯驹也不以他是"大右派"而回避他，当然，张伯驹也是"右派"。

1961年，张伯驹随潘素去吉林前夕，曾去章伯钧家话别，这时候章伯钧才知道张伯驹要去东北，但工作还没有安排好。于是章伯钧就郑重地向张伯驹说，他的一个朋友徐寿轩正在吉林省任副省长，过几天恰好要来北京开会，他一定要托这位副省长关照张伯驹。张伯驹很受感动，认为章伯钧是个真君子。

1969年5月，章伯钧去世了。当时正是"文革"时期，一个"大右派"的死去，自然也没人敢去吊唁，人们是唯恐避之不及。但这个时候，张伯驹从吉林回京，知道了这个消息，决定登门吊唁。他与潘素是顶着烈日徒步去的，先是找章伯钧原来住的地方，一打听，人去楼空，搬走了。无奈，便托人好不容易找到地安门大街一家古董店的店员老樊，又托他去打听。老樊去农工党北京市委员会，假托要核对章伯钧生前所欠账目，才打听到了章伯钧遗孀李健生已搬到建国门的地址。

近午时分，张伯驹敲开李健生家的大门，令李健生大吃一惊，赶紧把张伯驹、潘素拉进门。几年不见，李健生看到张伯驹身体已大不如前，头发白了，一个70多岁的老人，从地安门到建国门，走了多少路啊。李健生非常感动，她感动的是在自己门前冷落、蒙尘落难之时，别人唯恐避之不及，张伯驹和潘素却敢于前来，这种甘冒政治风险的义气是多么可贵啊！李健生只说了一句话："张先生，此情此义，重过黄金，伯钧地下有知，当感激涕零。"言罢，泪流满面，声音哽咽，再也说不下去了。

点滴细节见真诚

张伯驹为人诚实，有时候达到了痴的地步。他的这一品格，突出体现在他和马宝山先生的交往中。

张伯驹收藏《游春图》的经历颇具传奇色彩。在收藏这一珍贵文物的过程中，卖房、借钱、还钱等一系列情节都反映了他的诚信。

1946年，《游春图》的持有人李卓卿代表的是六家商人，中间人是马宝山。经过多次协商，最后以200两黄金敲定。

成交之日，李卓卿还请了黄姓亲戚鉴定黄金成色。他们以试金石测试张伯驹带去的黄金，结果黄金成色相差太多，只有足金130多两。张伯驹当时就说近期内把欠的黄金补上。于是，由马宝山作保，李卓卿亲手把《游春图》交给了张伯驹。

过了两年，1948年年底，张伯驹经过几次补交，还欠30两。此时，解放军兵临城下，包围了北平，北平城里人心惶惶，谁还有心思顾及这30两黄金之事。

1949年1月31日，北平和平解放，10月1日中华人民共和国成立。紧接着土地改革、"镇反"运动、"三反"、"五反"运动、农业合作化运动、工商业社会主义改造运动、人民公社化运动等,当年《游春图》买卖的双方,已不知遭遇如何、身在何方。哪还有心思关注这欠款30两黄金之事?就这样,这件事被搁置下来了。

1970年,距张伯驹收购《游春图》已过去了25年。张伯驹两手空空又回到北京城,与当年相比,可以说是天壤之别。按一般常情来说,张伯驹也早该忘记购买《游春图》还欠30两黄金的事了,更何况《游春图》已捐献给了北京故宫博物院。同时,当年《游春图》的持有人再也没有找过他。可是,张伯驹是个耿直而守信的人,一直没有忘记这件事,只是没有一个消停的日子让他来处理。

一天,张伯驹上街,偶然遇见了马宝山,真是喜出望外。两人叙起话来,都有恍如隔世之感,谈话中,张伯驹又问起马宝山来:"宝山老弟,我买《游春图》那事,还欠人家30两黄金呢,20多年过去了,你看咋办啊?"不料马宝山听了,愣了一会儿,才回过神来,扑哧一声笑了出来。马宝山说:"伯驹老兄啊,你啊,真是实在人啊!世道早变了,对方完了,我也完了,你也完了,这事全完了。"说完,二人都不禁大笑起来。于是,张伯驹把马宝山请回家中,中午吃饭时,张伯驹突然放下筷子对马宝山说,我要为你写副嵌名联啊!马宝山一听也来了精神。

饭后,张伯驹挥笔题了一联:

宝剑只宜酬烈士;
山珍合应供饕夫。

张伯驹书赠马宝山联

时间过得真快，转眼又是20年后的1992年年初，也是张伯驹逝世十周年的忌日，马宝山回想起与张伯驹交往的逸事，便写了《张伯驹与展子虔〈游春图〉》一文，以作纪念。

张伯驹的真诚，真是比黄金还要珍贵！

张伯驹画作《大地皆春》

"字""号"与"印"

张伯驹原名张家骐,字伯驹。对于张伯驹的"字",各种书籍、文章说法较乱,不一而足。一般说张伯驹"字丛碧",也有人说张伯驹"号丛碧",还有人说是"字伯驹,号丛碧"的。那么,究竟哪个对呢?

首先要说一下什么叫"字"。按字典上的解释,所谓人名中的"字",就是根据人名中的字义另取的别名叫"字"。

张伯驹原名叫张家骐,字伯驹。这就很好解释了,骐是好马的意思,驹呢,又是千里马的意思,意思是接近的。至于"伯"字,"伯"在兄弟排行中代表老大。张伯驹原本弟兄三人,他是老大。古代社会,人们一般不直呼其名,而多呼其字,以表尊重。这样,张伯驹也就以字行,而他的名"家骐"渐渐地不为人知了。

那么,张伯驹的字"丛碧"又是从何而来呢?"丛碧"是他30岁时,因收得康熙皇帝题字的"丛碧山房"而起的一个别号。后来,张伯驹把"伯驹"作为名字,人们就认为"丛碧"是他的"字"了。张伯驹也没有作过特别的纠正,也许他也默认了吧。他后来起的别号较多,有

张伯驹"京兆"印

张伯驹"丛碧"印

的并不广为人知，渐渐不大用了。只有"丛碧"别号意蕴美好，人们也就把"丛碧"当成了他的字，习而未改，约定俗成，他的字就是"丛碧"了。持这一认识的，首先是他的女婿楼宇栋，他在《张伯驹小传》一文中说："张伯驹字'丛碧'"。张伯驹生前所在单位中央文史研究馆在《张伯驹先生简历》中也记载："张伯驹，原名家骐，字丛碧，别号好好先生"。许多名人在文章中亦称张伯驹字"丛碧"的。

至于张伯驹的"别号"就更有趣了，为人所熟知的除了"丛碧"，还有"平复堂主人""展春主人""春游主人""好好先生""京兆"等。

什么是"别号"呢？就是在名字和字以外另起的称号。例如：李白，字太白，号青莲居士。一般来说，一个人的字，是比较慎重的，也是比较固定的，而别号则随意得多了。一个人可以有多个别号，有些别号则是自己因一时之兴趣，或对某人某事有所感慨而起的，用过一阵，事过境迁，渐渐被忘却了的也有。

先说张伯驹的别号"丛碧"。张伯驹醉心于收藏古代书法绘画艺术珍宝，始于对康熙墨宝《丛碧山房》这一书法作品的收藏。张伯驹为纪念这一心爱之物，就取"丛碧山房"为斋号，又自取"丛碧"为别号，写文作画时常落款"丛碧"。

张伯驹的第二个斋号为"平复堂"，别号为"平复堂主"。这是因为1938年年初收得《平复帖》后，欣喜不禁，就题斋名为"平复堂"，别号"平复堂主"。

"展春园""春游主人"等都与张伯驹后来收藏隋朝展子虔的《游春图》有关。

1946年，张伯驹为收藏《游春图》，卖掉了弓弦胡同的宅子，也就是"丛碧山房""平复堂"所在的宅子。这片房产共卖得35根金条（见寓真《张伯驹身世钩沉》），大部分用于购买书画，或归还以前买画的欠债，而用其中10多根金条，购买了"承泽园"的房宅。这个"承泽园"始建于清代雍正三年（1725）。"承泽园"系圆明园附属园林之一。到光绪中叶，又赏赐给庆亲王奕劻作为邸园……张伯驹住进"承泽园"，同时购得《游春图》后，就称"承泽园"为"展春园"。1950年集词友结词社,名之为"展春词社",他又起别号为"春游主人"。

1953年,张伯驹又将此园卖给了北京大学。到了1965年,他把自己1960年至1965年的词结集为《春游词》。在《自序》中说:"余昔因隋展子虔'游春图',自号'春游主人',集词友结展春词社。晚岁于役长春,更作《春游琐谈》《春游词》,乃知余一生半在春游中,何巧合耶!"这段话是对其偶然自号"春游主人",结果"半在春游中"的解释,非常有趣,未料一语成谶。

张伯驹最欣赏的一个别号就是"好好先生"了。这"好好先生"不用说,也是有来历的,这是因为1950年,张伯驹收购了晚唐大诗人杜牧的书法真迹《张好好诗》。

杜牧的这件书法作品,内容是赠给其所喜爱的女子张好好的一首五言长诗,是一件诗书兼美的杰作。

杜牧与张好好初相识时,张好好才13岁,为江西洪州乐籍的官妓,是一个才色双绝的歌伎。杜牧和张好好也是一见钟情。不料还没等杜牧表白,张好好已被朝中著作郎沈述师出重金赎出,纳为妾。沈病逝后,张好好流落洛阳。也有人说是沈述师娶了张好好没到两年就移情别恋了。张好好被抛弃后,竟然流落到洛阳,以卖酒为生。后来杜牧被调到洛阳做官,在一家小酒铺里意外遇到了张好好,于是,杜牧因为美人的遭遇而满怀爱怜和伤感,写下了这篇诗作。

张伯驹一生收藏的珍贵书画很多,但他把杜牧的《张好好诗》和陆机的《平复帖》以及展子虔的《游春图》看作他平生最得意的三件藏品。

张伯驹收得《张好好诗》后为之狂喜，一连好几天他都和这卷诗稿同床共眠，最后才放到箱子中。于是，他自号"好好先生"，以纪念他收藏的《张好好诗》。当然，"好好先生"也暗寓他乐意做一个"好好先生"那样的人，不乏幽默的意思。

张伯驹还有一个别号，叫作"京兆"，知道这个别号的人不多。好友张牧石有一首七绝是纪念张伯驹诞辰110周年的，他在诗中说：

画眉能几思京兆，绝世风流岂入时？
宁复李园春再展，海棠留梦忍追思。

这首诗中的"京兆"也就是张伯驹的别号。

原来，这"京兆"也有典故，来源于"张敞画眉"。典出《汉书·张敞传》，汉代京兆尹张敞常为其妻画眉。长安城中都传张敞画的眉妩媚动人。为此，张敞被弹劾。皇帝问他，张敞说："我听说闺房之内，夫妇之私，有超过画眉的。"皇帝爱其才能就没有责备他。张伯驹当年很喜欢这个典故，便自号"京兆"，并刻有"京兆"印章，在收藏的或自己的绘画上钤印。

张伯驹还有一个别号"重瞳乡人"，但不轻用，如果说他的号"好好先生""京兆"等还有些诙谐、幽默成分的话，那"重瞳乡人"就完全是带着郑重、尊重的意思了。

"重瞳乡人"与项城的地理、历史有关。张伯驹曾自

士人风骨

书一联云:"地属魏吴分两翼,乡因舜羽号重瞳。""地属魏吴",是指项城西周时称项国,春秋时为鲁国所灭,后属楚国,三国时又属魏地,东魏时改为秣陵,后又改为项城县。"乡因舜羽号重瞳",自然与两位历史名人有关。舜,一名虞舜、重华,传说中的古代部落首领,据说舜的眼球里有两个瞳仁;羽是指项羽,项羽也是重瞳子,且项羽与项城更有渊源。原来项氏世世为楚将,封于项,故姓项。张伯驹十分尊崇舜和项羽两位古人,且为这两位具有重瞳子的不凡之人而自豪。不言而喻,这自豪中既含有见贤思齐,也有立志成为不凡之人的远大志向。

张伯驹除有很多"雅号"以外,还很注重收藏的书画作品上署款的印章。大家知道,书法作品上的印章是书法作品中不可或缺的组成部分,缺了印章,就不成为完整的书法作品。清代著名画家吴昌硕认为:"书画至风雅,亦必以印为重,书画之精妙者,得佳印益生气。"的确,印章佳者,如画龙点睛,起到锦上添花的作用。在书法作品上盖印章,既示郑重,又可防伪造。同时,盖上富有雅趣、寓意的闲章,还可寄托书者的抱负和情趣,因此,历代书法家都非常重视用印。

张伯驹一生先后刻了许多印章,有斋号章、雅趣章,年号章、鉴藏章等。主要的有"张伯驹父珍藏印"(这个"父"在这里读"甫"音,在古代表示青年美男子)、"冻云楼主""京兆""张伯驹珍藏印""丛碧主人""张伯驹印""平复堂印""伯驹""伯驹长寿""丛碧八十后印""中州张伯驹""绘事后素""女河阳"等。

先说"冻云楼主",张伯驹曾有一首诗云:"公子齐名海上闻,辽东红豆两将军。中州更有双词客,粉墨登场号二云。"前面已经讲到过,袁克文号"寒云",张伯驹号"冻云楼主","冻云"与"寒云"正对,都是"寒之意。因为二人都喜好填词,又都是戏曲票友。

还需要解释的两枚印章,一是"女河阳",一是"绘事后素"。"女河阳"来自张伯驹的一首词《瑞鹧鸪》,其中有句云:"姑苏开遍碧桃时,邂逅河阳女画师。"这"女河阳"指他的夫人潘素是"河阳女画师",那么"河阳"是什么意思呢?原来,这也是一个典故,名为"潘岳河阳"。潘岳,字安仁,河南荥阳中牟人,河阳县在黄河北岸。晋时,潘岳曾任河阳县令,是个知民疾苦、爱民如子的清廉好官。后来,人们多以河阳指称潘岳。这一切似乎与潘素并没什么联系,但仔细想,原来潘岳、潘素都姓潘,五百年前是一家。张伯驹在这里正是取了这一意思,把他夫人称为"女河阳",也就是借了"潘岳"曾任河阳县令的典故。

"绘事后素"也是张伯驹为夫人潘素刻的一枚闲章,可能不易理解。张伯驹在他的《素月楼联语》一书中,亲自解释了"绘事后素"的来历。他说:"余室人潘素时习绘山水,余则专写梅兰。社稷坛(位于天安门西)开绘画展览,余伉俪作品均参与,有人见之曰:张丛碧绘画不如潘素矣。夏枝巢闻之,因得下联云'张丛碧绘事后素'。竟成妙对,为一时掌故。"

那么,上联是什么呢?上联是:"谭篆青割烹要汤",

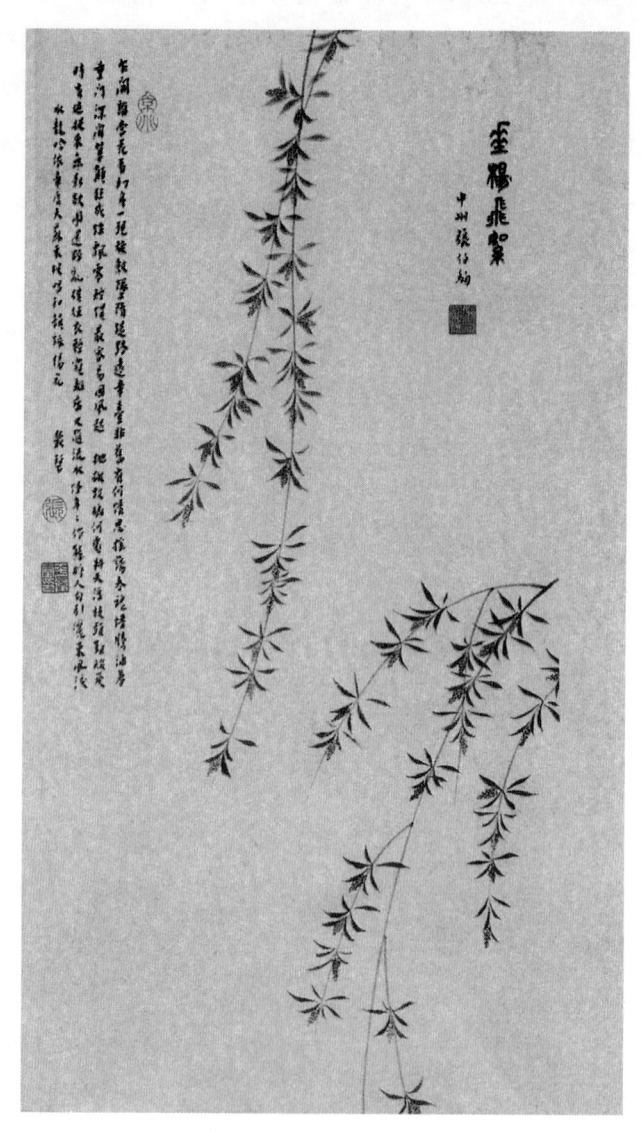

张伯驹画作《垂杨飞絮》

用伊尹割烹说商汤之典故,言谭篆青以谭家菜邀宠于汤尔和。那么,谭篆青是谁呢?原来,"谭家菜"是20世纪30年代名满京华的一道私房菜,主人家这一手艺三代相传,到谭篆青时已是第三代。谭篆青与其父亲一样,精于膏粱,每每承办家宴,声名远扬。而这汤尔和又是谁呢?原来,卢沟桥事变爆发,北平陷落。日本勾结王克敏等组织伪政府,汤尔和任议政委员长兼教育总长。这个典故是颇为复杂的,到了张伯驹由"张伯驹绘事后素"而取"绘

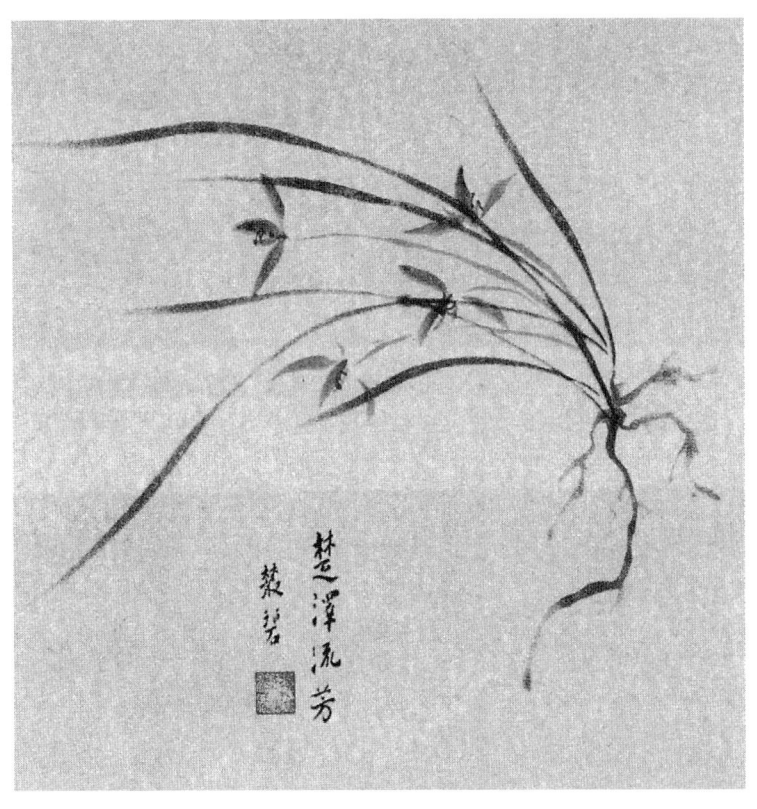

张伯驹画作《楚泽流芳》

事后素",就变成了张伯驹绘画不如潘素的意思。他刻了印章,常用在潘素或自己的绘画上,以示幽默之意。

张伯驹的"字""号"及印章之原委,就说到这里吧。

宽容胸怀

张伯驹于1957年被打成"右派"后，失去了工作和工资，还连累了全家。

张伯驹失去工作后，整天在家无事可做，就这样过了4年。1961年10月，他要随夫人潘素去吉林工作，才到陈毅家辞行，并告诉陈毅4年前被打成"右派"一事。陈毅听后就问张伯驹为什么一直没有跟他说。张伯驹只是淡淡一笑，说怕给您添麻烦。再者受受教育，也是好的。陈毅听了张伯驹的话也很感动，就说："你这样说我代表党谢谢你了。你把所藏珍贵的书法文物都献给国家了，你会反党吗？"陈毅元帅又说他要写信给吉林省，要他们对张伯驹进行照顾。

1978年，张伯驹在大连棒槌岛休养，与国画大师刘海粟结邻而居。闲聊时，刘海粟问张伯驹，戴上"右派帽子"后有什么感想？因为海老也曾被划为"右派"，因此，他很想知道他的老友是怎么想的。

张伯驹苦笑了一阵，说出了肺腑之言，他说：先父张镇芳任过直隶总督，又是第一批民族资本家，说他是资产阶级,有些道理。但自己平生不会赚钱,全部积蓄,包括卖字的钱,都花在收藏上了。这些东西捐赠给国家之后,已成了没有财产的人,靠劳动吃饭,戴什么帽子,倒无所谓,一个渺小的凡人,生死得失,无关大局。但说自己反党,实在冤枉。而且担心:老张献出这么多国宝,换了一顶"铁冠",传到海外,对党的威信不利。本想见见周总理、陈毅,一吐为快,后来饱受打击歧视,见领导人已极难,自己又不愿为个人的荣辱得失浪费他们的时间,这样一拖就是4年。

接着,张伯驹又对刘海粟说了一下当年他对陈毅元帅说过的话,他说:

1961年,去吉林前,陈毅元帅派车接他到中南海,闲聊之时,才向陈毅说出他被打成"右派"的事,并说,此事太出他本人的意料,受些教育未尝不可,但总不能那样超脱,做到无动于衷。在清醒的时候也能告诫自己:国家大,人多,个人受点委屈不仅难免,也算不了什么,自己看古画也有过差错,为什么不许别人送自己一顶帽子呢?

张伯驹还对刘海粟说,他自己无所谓,只盼祖国真正富强起来。刘海粟先生听了张伯驹一席话,不禁对张伯驹宽厚的胸怀感到深深的佩服。

张伯驹就是这样,自己及全家在名誉和各方面都受到了极大的屈辱和损失,却还在为组织为上级辩护。像张伯驹这样的人,这样的思维和胸怀,世间又能找到几个呢?

研究热潮

张伯驹去世

下面的文字是张伯驹的学生和张柳溪及其子女,关于张伯驹的回忆,由笔者加以整理并以张柳溪口述形式,介绍如下:

父亲当上中央文史研究馆馆员以后,可以说是"柳暗花明又一村"。他又成了人民政府的座上客,因为中央文史研究馆是具有统战性质和荣誉性的文史研究机构,它的宗旨是敬老崇文。馆长、副馆长、馆员由国务院总理聘任,受聘者都是耆年硕学之士。

父亲有了这样的环境,他的精神世界又回到了文学艺术的创作之中。1974年他写作了两部书《红毹纪梦诗注》《续洪宪纪事诗补注》,又补充修改了《素月楼联语》一书和《丛碧词话》一文。这些诗集、论著先后发表和出版。同时,1973年他又恢复了旺盛的词作雅兴,一年得词二百余首,集为《雾中词》;1974年集词集《无名词》;1975年又集词集《续断词》。到了这个年纪,仍然是诗如泉涌,新作不断,的确是文化艺术界中不多见的。

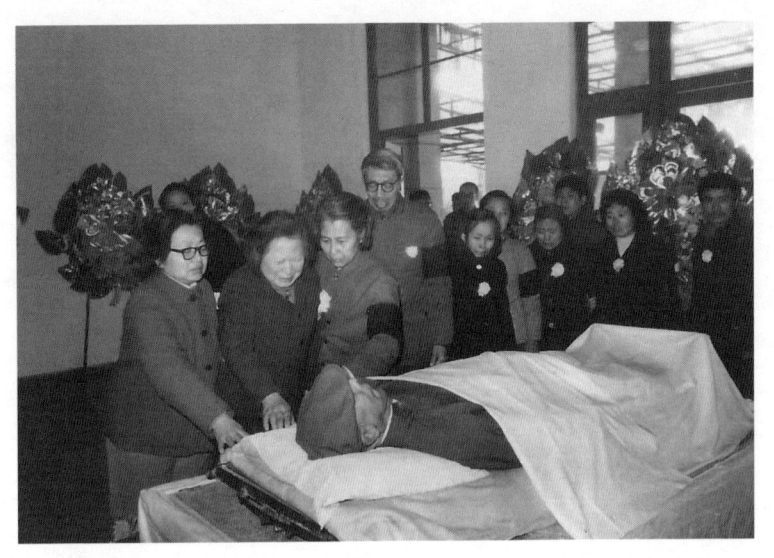

张伯驹遗体告别仪式　左起：张传綵、潘素、朱道纯、张柳溪

1976年以后，祖国的文化艺术事业重现生机，许多"文革"中被解散或停止工作的群众性学术团体又恢复和重建，父亲的文化活动也忙碌起来了，许多荣誉性的职务让他担任，如"中国书法家协会名誉理事""北京中国画研究会名誉会长""京华艺术学会名誉会长""北京戏剧研究所研究员""北京昆曲研习社顾问""民盟北京市委文史资料委员会委员"等，父亲也乐此不疲。

父亲的身体也很好，1980年，他已83岁，仍在天津演出《打渔杀家》，看他那健朗的身姿，哪里像一个耄耋老人？

父亲的去世很突然，谁会想到，一场感冒竟然会夺去父亲的生命。1982年春节刚过，父亲就住进了医院，我和妻子朱道纯，还有我妹妹张传綵一直守护在身边，但1982

年2月26日10时,父亲去世了,我们全家一时都陷入悲痛之中。

那一天,父亲在京的亲戚朋友、学生、弟子都闻讯赶来了,大家忙作一团,哭声不断。还是我妻子有经验,她是医生,胆子也大,是她给父亲穿的寿衣。但丧葬的礼仪她就不懂了,接下来的程序是在宋振庭的爱人宫敏章的安排下进行的。张琦翔当天撰写了《讣告》,还是他的弟子冯统一先生细心,至今还留有这张讣告。《讣告》的原文是:"胡天不吊,祸延外子,丛碧山房主人,讳伯驹,偶感肺炎,就诊北医医院。卒以年迈体羸,终至不起,恸于阳(阴)历二月二十六(初三)日归真反璞,退避人世。距生于逊清光绪戊戌正月二十二,享寿八十又五。呜呼!痛哉,未亡人潘素暨子女等随侍在侧,遵即成服,于三月四日移灵八宝山行告别式。……"最后署名为:"未亡人潘素率子张柳溪、女张传綵哀启。"

在遗体告别仪式上,我记得是由父亲的朋友黄君坦等几个德高望重的老先生主持,周笃文、冯统一这些父亲的学生、弟子是前前后后操办具体事务的。父亲的遗体火化后,是我抱着骨灰盒,妹妹张传綵抱着父亲遗像的。

因为我不常在父亲身边生活,所以,父亲在北京的许多朋友、学生也大多不认识我。我隐约觉得有人注视着我,有人窃窃私语,用手指指点点说:"这个就是张伯驹的儿子,你看像不像!"

文化部和中央文史研究馆为父亲举行的追悼会,比我

张伯驹追悼会（1982年3月26日）

们家人和父亲的故交、子弟、学生举行的告别仪式晚，离我父亲去世恰恰隔了一个月。这个追悼会的通知印好后，是由我和万里的儿子写的信封，并分别送出去的。万里的儿子和我父亲与三妈的关系很密切，但那种情况下，我也没多问。追悼会那一天，我和妻子朱道纯及三个子女，我三妈潘素和妹妹张传綵、妹夫楼宇栋及其子女参加了追悼

张伯驹去世《讣告》

会。我的小叔张家骏及其子枫溪、苇溪、兰溪参加了追悼会；还有我姑姑张家芬的儿子刘菱周也参加了追悼会。我姑姑张家芬住在天津，她的身体不好，就没有参加。可惜的是，就在父亲去世不久，我的小叔张家骏也去世了，我的六姨奶也就是六爷爷张锦芳的夫人杨慧仙也在这一年去世了。

追悼会很隆重。叶剑英、王震、谷牧、钱昌照等国家领导人和部委领导送了花圈，中央统战部、中央宣传部、国务院办公厅等有关单位也送了花圈。王任重、周扬、贺敬之、郑思远等知名人士参加了追悼会。追悼会由叶圣陶先生主持，他当时是中央文史研究馆馆长。萨空了先生致悼词。萨空了先生当时是中国民主同盟副主席、全国政协副秘书长。

"悼词"对父亲的一生和贡献作了很高的评价。这个"悼词"全文我记不住了，但《人民日报》摘录了其中的段落如下：

> 张伯驹是民盟中央文教科技委员会委员、民革成员，是文物收藏家、中国古典艺术研究家、书画家、诗人。他热爱祖国、热爱中国共产党，拥护社会主义，为人民做了许多有益的工作，长期以来，他热心于文化艺术事业，十分珍视祖国古代文物，曾为保存中华民族的文化精粹如《平复帖》《游春图》和李白的《上阳台帖》等珍贵字画，做出了宝贵贡献。张伯驹先生遵循党的文艺方针，进行古典艺术的研究和讲学，对丰富人民的文化生活和继承、发扬我国的古典文化艺术起到了积极作用。
>
> 张伯驹先生一再表示愿为祖国统一贡献自己的力量，他深切怀念在台湾的故旧，期望海峡两岸人民为振兴中华共同奋斗。

散萬貫救國寶 體現一顆赤子之心

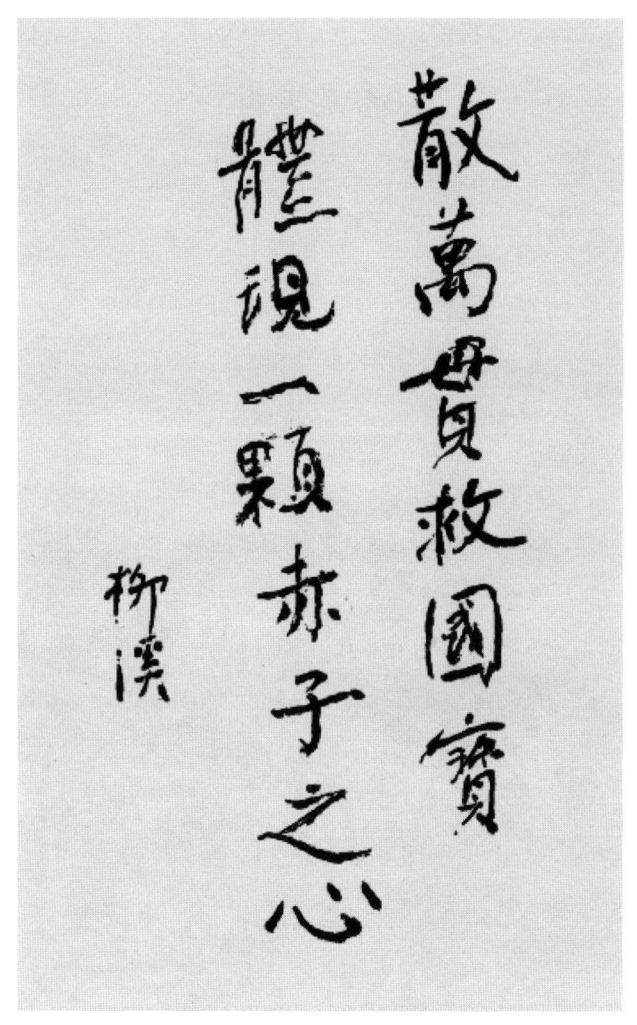

柳溪

2020 年 12 月,张柳溪题词

潘素去世

1981年，张伯驹托友人将潘素所绘两幅芭蕉图带至台北，并致函张大千，后张大千分别在两幅画上补画了波斯猫和团扇仕女。

下面的文字是根据我对张柳溪及其子女的回忆整理的。为叙述方便，仍以张柳溪口述形式介绍如下：

父亲的丧事办完以后，就听父亲的一个学生告诉我，他说，你妈潘素很疼你啊，也很关心你。你父亲的病原来谁也没想到会这么快、这么重，更没想到会突然去世。所以，你父亲刚一有病，潘素就说赶快通知柳溪，叫他过来，柳溪是他儿子。

从这一段话中，知道三妈潘素一直对我很关心，很重视，我也从心里跟她亲，尊重她。我理解父母那一辈人的处境，其实，我母亲对三妈也一直很理解，对于我和子女去北京看父亲，三妈潘素都没有意见。

我妹妹和妹夫楼宇栋长期在西安工作。我老伴和我女儿也都去过西安看望他们。他们回到北京以后，我和孩子们，特别是孩子们去北京看他们还是比较多的。三妈潘素对我女儿、儿子，也是看成亲孙子、亲孙女一样的，非常疼爱。每次孩子们去看他们，他们就带孩子去吃西餐，因为父亲爱吃西餐，这是他在天津国民饭店吃饭时养成的爱好。

80年代初，我儿子结婚时去看过他爷爷、奶奶，三妈潘素还给张迎做了一床新被子，给他们盖。我女儿张彦、张婷也常去。那时三妈潘素常在钓鱼台国宾馆作画，就问张彦、婷婷是否进过钓鱼台，想不想参观一下钓鱼台？孩子们说当然想进了，于是，她就想办法带孩子们参观了钓鱼台。

那几年我女儿婷婷在清华大学做研究,也常去看她爷爷张伯驹和奶奶潘素。一次潘素看婷婷戴的一块手表,很破旧了,就说,婷婷,把手表换了吧,我给你一块漂亮的,说着就给婷婷戴上了,并说,这块手表是著名京剧演员吴素秋送她的。吴素秋是山东人,曾任北京市政协常委,早就认识我父亲张伯驹和三妈潘素,父亲还给吴素秋写过诗呢。

我大女儿张彦结婚时,去北京时就住她奶奶潘素那里了。她奶奶潘素说要在后海的宅子里专门收拾出一间房子,专供孩子们去时住,就方便了。有一年,张彦去看她奶奶潘素,并说要去八宝山祭拜她爷爷张伯驹,她奶奶潘素就拿出瞻仰证,张彦祭拜后回去送瞻仰证,还是住在她奶奶家里。我还记得父亲去世刚开了追悼会后,宋振庭就把三妈和我接到他家住了一天,宋振庭问三妈和我生活上有什么困难没有?又对我说他可以给时任河北省委书记李尔重写封信,把我介绍给李书记。我说,不用写了,有什么困难我可以想办法克服,不去给领导添麻烦了。

父亲去世后,三妈潘素也多次叫我去她家小住叙旧。我也时常去北京后海看三妈潘素,并和三妈潘素一直保持着通信联系。她写给我不少信,其中一封是父亲去世后,她用毛笔写于1987年2月3日的,那一天是正月初六,刚过了春节,三妈写道:

柳溪儿,来信收悉,春节前搬回后海南沿,一直忙于社会活动及作画,本月开全国政协会议,会后可能去香港做画事，眼很不良。麻烦你十月来京住家里，不要住在其他家。你注意身体，不多言了，见面再讲。代问全家好。潘素，八七年二月三日。

那个时候我母亲王韵缃还健在，代问全家好，意思也是代问我母亲王韵缃好，这不仅仅是一句客气话。由此可见三妈潘素为人的善良。我理解她，知道她一生与我父亲生活很不容易，特别是我父亲灾难不断，她能不离不弃，是很不容易做到的。

三妈去世的消息我当时不知道。有一天，我大女婿孙致远突然回家，给我一张报纸，我一看，是三妈潘素去世的消息，她去世的时间是1992年4月16日，已经过去二十多天了，我很震惊，也很悲痛，第二天，我与儿子张迎就去北京了……

在北京，我看到了潘素同志治丧委员会整理的《潘素生平》，对她作出了很高的评价。其中写道：

中国人民政治协商会议第七届全国委员会委员、民革中央监察委员会委员、中国和平统一促进会理事、吉林艺术学院教授，著名画家潘素同志因病医治无效，于1992年4月16日在北京逝世，终年77岁。

潘素同志不仅是一位蜚声中外的艺术家，也是一位有着炽烈爱国热情的爱国人士。她与丈夫张伯驹先生不惜财产甚至生命，为保护国家珍贵文物做出过巨大贡献。三四十年代，伯驹先生为保护民族文物、不使之流失海外尽自己全力予以收藏。为不使我国珍贵无比、传世最古隋展子虔的一幅青绿山水画《游春图》被画商贩至海外，张伯驹和潘素卖掉房产，潘素又将自己的大量首饰卖掉，以重金将画收藏。画家溥心畬丧母急需款项，有心转让珍贵历史文物西晋陆机的手书真迹《平复帖》。张伯驹、潘素四处筹措，不惜代价买下了这幅传世墨宝。有人闻讯找到张伯驹家中，愿出几倍的高价索购，张伯驹和潘素断然拒绝，并声明"我们买它，不是为了钱，黄金易得，国宝无双，万一流落海外，我等岂不成为千古罪人！"他们夫妇先后收藏了李白、杜牧、黄庭坚、唐寅等人的手迹和其他珍贵文物，视祖国文物比个人生命还贵重。抗战时期，汪精卫手下一个师长绑架了张伯驹，限期以重金去赎，扬言过期"撕票"。好心的朋友劝潘素卖一两件国宝，营救伯驹先生。潘素昼夜不安，担心丈夫发生意外，但终不肯变卖国宝，她日夜奔波，到处借贷，在规定期限内凑足了钱，救出了伯驹先生。他们又曾将文物密藏于被服之中，避敌眼目，精心保护。1955年后，他们夫妇将《平复帖》等珍贵文物陆续捐献给了国家。文化部沈雁冰部长曾签署《褒奖状》表彰他们的爱国之举，在文物书画界同人中传为佳话。

潘素同志拥护党的十一届三中全会以来的路线方针政策，拥护改革开放，为繁荣社会主义文艺事业热情工作。在担任全国政协委员和民革中央委员等职务期间，积极参政议政，尽心尽职，发挥了较好的作用。她与张伯驹先生在1957年后及十年动乱期间，曾受到不公正待遇，历经坎坷。在逆境中，她始终相信党，保持了一个爱国艺术家的高尚情操。陈毅元帅曾在他们夫妇身处逆境时给予力所能及的帮助，他们夫妇也与陈毅同志结下深厚友谊。在十分艰难的情况下，潘素同志"不坠青云之志"，坚持对艺术的追求，保持乐观的生活，甚至在晚年患严重眼疾的情况下，仍奋笔丹青，把对祖国、对民族、对社会主义全部的爱，倾注于笔墨之中，为祖国、为人民鞠躬尽瘁。

潘素同志的一生，是不断寻求思想与艺术进步的一生，是赤诚爱国的一生。潘素同志自强不息的精神和始终不渝的爱国热忱值得我们永远学习。

这些评价中，连同父亲的贡献和精神也都说到了。但未能参加办理三妈的后事，是我心中深深的遗憾。

关于张伯驹《身世自述》的
一点理解与说明

寓真先生在《张伯驹身世钩沉》中摘录了许多张伯驹与王韵缃在离婚过程中的答辩原话，真实记录了他们当时的心理状况及家庭状况。其中还有一份张伯驹亲笔写于这一时期的《身世自述》，是作为一个材料让法院参考的。说实在的，我研究张伯驹很多年，也没看到过这么一份材料，还是现在通过这本书，才看到张伯驹的手笔。这份材料他说的是内心的感受和想法。但既然是答辩，毫无疑问会在材料中说一些有利于自己的话，并不一定完全符合事实，这也是人之常情。我仅对其中两点，谈一点我自己的看法。

一是张伯驹说王韵缃"早已染上鸦片烟瘾，每天到下午四点钟才起床，没有管理家政的能力"。这一点不完全是事实。首先王韵缃染上鸦片烟瘾，其实远没有这么严重。王韵缃和邓韵绮吸大烟是事实，那是她们以此麻痹自己的神经，打发空虚无聊的生活，在这种情况下，王韵缃也免不了好奇心的吸引。人常说，常在水边走，哪能不湿鞋。王韵缃也尝试过吸大烟的味道，但新中国成立以后就没吸过了。在这里张伯驹说得过头一些，也可以理解，至于说王韵缃没有管理家政的能力，也不全是事实，其实王韵缃平民出身，非常俭朴、勤劳。正是因为如此，公公、婆婆非常信任她，才把整个家务管理都交给了她。张伯驹在这里说话也有些过头。当然，我明白，一个人在诉状里哪里会光说人家的好话呢？如果是那样，不就是一切都同意起诉人所说的话了吗？这个官司还怎么打？

还是寓真先生在研究张伯驹离婚案时说得对，1948年前后，正是解放战争时期，物价飞涨是当年的社会现实，所以王韵缃管理家务，确实感到了压力，常跟丈夫要钱是可以理解的，只是张伯驹"不当家不知柴米贵"。

二是张伯驹说，他在上海被绑架，"此时都由潘素一人奔走借债营救"这话也不准确。就这件事，我曾询问过张柳溪，他说：父亲被绑架时我已14岁了，营救父亲成了全家的大事。我奶奶孙善卿，我母亲都是焦急万分，日夜不安的，还有父亲的族叔张慕岐，是出了很多力的。只是我父亲在囚禁中不太了解这些事。当然，三妈潘素为救我父亲奋不顾身，不避风险，这都是事实，只是并非"都由潘素一人奔走借债营救"。这句话显然是激情之下率意而说的，作为儿子，我也能理解父亲此时的心情。至于父母一生的恩恩怨怨，我做儿子的，也不好说什么，只是听母亲后来说，她也并不怨恨父亲，对父亲还是有感情的。

我觉得张柳溪上面的一段回忆，是比较客观的，也是合情合理的。

研究热潮 · 247 ·

张伯驹研究的现状及其思考

张伯驹（1898—1982）是我国现代文化史上一位卓越的文化大家和情怀高尚的爱国主义者，其精湛的文化艺术成就和思想人格魅力都令世人景仰。杰出的画家、美术教育家刘海粟在《诗卷留天地　博文鉴古今》一文中对张伯驹有一个经典的评价："丛碧先生是当代文化高原上的一座峻峰，从他广袤的心胸涌出了四条河流，那便是书画鉴赏、诗词、戏剧和书法，四种姊妹艺术相互沟通又各具性格，堪称'京华老名士，艺苑真学人'。"（刘海粟：《齐鲁谈艺录》，山东美术出版社，1985年版）特别是在词作和收藏鉴赏方面，张伯驹成就尤为卓著。著名红学家周汝昌在《一代名士张伯驹·序》中曾说："我为词集撰有跋文一则，其中提出，如以词人之词而论（有别于诗人之词、文人之词、学人之词、杂流之词），则中国词史当以李后主为首，而以先生为殿——在他之后，恐怕不易再产生这种真正的词人。"（《张伯驹先生追思集》，紫禁城出版社，2011年版，第224—225页）在文物收藏与鉴赏方面，著名学者启功则评价张伯驹："前无古人，后无来者，天

《张伯驹研究丛书》（河南人民出版社出版）

下民间收藏第一人。"（《启功评张伯驹》）（《张伯驹先生追思集》，紫禁城出版社，2011年版，第160页）在思想与品格方面，张伯驹亦堪称杰出的爱国主义者和情怀坦荡高尚，令人仰止之人。国学大师冯其庸曾赞美张伯驹是"国士高风倾万世""天荒地老一真人。"（《旷世奇人张伯驹——丛碧老人诞辰一百一十周年纪念》）（《张伯驹先生追思集》，紫禁城出版社，2011年版，第29页）因而，自从其逝世至今近40年来，张伯驹研究逐步展开与推进，并有望成为学界研究的一个亮点和热点。本文拟就张伯驹研究的状况作一简要的综述与思考。

一、张伯驹研究的发展历程

开展张伯驹研究 40 年左右的历程,大致可分为三个阶段。第一阶段可称之为张伯驹研究的兴起与发展,从 1982 年开始到 2006 年,这一段时间较长,达 24 年。张伯驹出生于 1898 年 2 月,享年 85 岁。河南省项城市人,原名张家骐,字伯驹,号丛碧,别号春游主人、好好先生,逝世于 1982 年 2 月。他去世以后,纪念他的文章便不断见诸报端,他的生平经历、人格魅力、文化艺术成就和逸闻都引起了广大读者的极大兴趣。1985 年,刘海粟发表了《诗卷留天地 博文鉴古今》(《齐鲁谈艺录》,山东美术出版社 1985 年版),以挚友的身份回忆、介绍了张伯驹的生平和文化成就;1988 年,楼宇栋发表《尘劫难移爱国志——泪忆岳父张伯驹》(《红毹纪梦诗注》,宝文堂书店 1988 年版),主要介绍了张伯驹的爱国思想和人格光辉;1992 年,吉林人民出版社出版了任凤霞的专著《张伯驹和潘素》,并于 2006 年修订再版为《一代名士张伯驹》一书。这是一部文学色彩较为鲜明的纪实文学作品。这一时期诸多文化名人如周汝昌、王世襄、张牧石、朱家溍等都发表了记述与张伯驹交往的文章;2005 年,林下风编辑出版了《张伯驹与京剧》(中国戏剧出版社 2005 年版)一书;2006 年,施议对发表了《二十世纪中国填词史话(二)》,推出当代十大词人:徐行恭、沈轶刘、张伯驹、夏承焘、唐圭璋、龙榆生、詹安泰、李祁、丁宁、沈祖棻,张伯驹为其中之一(施议对:《二十世纪中国填词史话(二)》,《长江学术》

2006年第3期，第103—109页）；这一年，紫禁城出版社出版了《捐献大家张伯驹》一书，对其收藏捐献业绩作了介绍。

这一阶段张伯驹研究的特点主要是大量回忆性文章和传记作品的发表与出版，其内容主要是对张伯驹生平和文化艺术成就的介绍以及与作者的交往，但多有传奇的成分。有关张伯驹文化成就研究的论文较少，除上述若干篇外，还有姚平的《张伯驹词浅析》（《陕西广播电视大学学报》2001年第3期）和李人风的《张伯驹诗钟》（《阅读与写作》1999年第1期）等。

第二阶段可称为张伯驹研究的初步深入与拓展阶段，学术专著与论文开始出现，这一阶段是2007年至2013年。

2008年1月，项城市政协编纂的文史资料汇编《张伯驹先生追思集》印行，这是张伯驹研究的第一部收录资料范围较广且多采用档案资料的汇编本，是研究张伯驹不可多得的第一手资料。

2008年，张伯驹的儿子张柳溪先后发表了《我爷爷张镇芳和他的大家庭》（《张伯驹先生追思集》，紫禁城出版社2011年版）、《父亲张伯驹的婚姻》（《世纪》2010年第3期）等文，为张伯驹家世研究提供了若干资料。这一阶段有关张伯驹的学术研究论文主要有杨嘉仁、秦燕春、谢燕等人有关张伯驹词作的几篇文章发表；2013年，寓真的《张伯驹身世钩沉》（三晋出版社）和张恩岭的《张伯驹传》（花城出版社）是首次出现的有关张伯驹研究具有较高学术价值的专著。这一阶段，论文和专著数量虽不多，但具有张伯驹学术研究初步开启的意义。

张伯驹研究的第三阶段，也就是当下张伯驹研究的现状，这一时段从 2014 年开始，时至今日还在发展。这一阶段的张伯驹研究，有一个标志性、具有里程碑意义的事件发生，这就是 2018 年全国纪念张伯驹诞辰 120 周年活动的开展。是年 4 月 2 日，由故宫博物院、国家博物馆等单位联合举办了"张伯驹捐献文物展"；4 月 13 日，《新华每日电讯》发表了纪念张伯驹的专稿《予所收蓄，永存吾土》；4 月 23 日，《人民日报》发表了齐鲁京的题为《百代高标，千秋丛碧》的纪念文章；5 月 7 日，文化和旅游部在人民大会堂召开了纪念张伯驹诞辰 120 周年座谈会，部长雒树刚出席并讲话。这样高规格的会议和纪念活动是张伯驹逝世近 40 年来的首次，标志着对张伯驹纪念的层次已上升到了国家层面。

2020 年 9 月，周口师范学院张伯驹研究中心成立，这是全国高校和学界第一家张伯驹学术研究机构，为张伯驹研究提供了交流平台，对于进一步推动和深入张伯驹学术研究，具有重要作用。

这一阶段张伯驹研究呈现出的特点是学术性研究论文的大量出现，有 30 余篇，且基本涵盖了张伯驹文化艺术成就的各个领域，如词作、收藏鉴赏、戏剧艺术、书画艺术等。这一时段，还有一些专著出版，如郑重的《烟云过：张伯驹传》（中华书局 2016 年版），张恩岭的《张伯驹词传》（河南人民出版社 2018 年版）、《张伯驹联语与诗钟集注》（河南人民出版社 2020 年版），荣宏君的《翰墨留青——张伯驹致周笃文书函谈艺录》（辽海出版社

2020年版）等。总之，这一阶段张伯驹研究的深度、广度、厚度都是前所未有的，一些有新观点、新材料、新方法、新形式的基础研究，文献整理方面的成果都有呈现，张伯驹研究的团队、平台都有初步的建设。

二、张伯驹研究的现状

近40年来，张伯驹研究的成绩主要表现在四个方面。

（一）张伯驹生平追思及传记著述的大量出现

自张伯驹先生逝世后，怀念及简述其生平的文章就不断见诸报刊。其中较有代表性的文章有潘素的《忆伯驹》（《名人的妻子忆丈夫》，珠江出版社2002年版），楼宇栋的《尘劫难移爱国志——泪忆岳父张伯驹》，张柳溪的《我爷爷张镇芳和他的大家庭》，刘海粟的《诗卷留天地·博文鉴古今》，朱家溍的《我和伯驹道兄》（《什刹海梦忆》，江苏文艺出版社2006年版），王世襄的《与伯驹先生交往三五事》（《王世襄自选集》，三联书店1999年版），周汝昌的《什刹海边忆故交》（《北斗京华》，中华书局2007年版），章诒和的《君子之交》（《往事并不如烟》，人民文学出版社2004年版），张牧石的《我和张伯驹的忘年情》（《中国书画报》1998年6月29日），冯其庸的《旷世奇人张伯驹》，朱经畲的《张伯驹生平事略》（《京剧艺术在天津》，天津人民出版社1995年版），从鸿逵的《回忆张伯驹先生》（《天津文史》1994年第6期），冯大彪的《怀念张伯驹先生》（《文史精华》2002年第12期），林下风的《民族传统文化的卫道士》（《张伯驹与京剧》，

研究热潮 · 253 ·

北京中国戏剧出版社2005年版》,马明捷的《张伯驹论剧》(《张伯驹与京剧》,北京中国戏剧出版社2005年版)、任美霖的《张伯驹先生在吉林》(《人民政协报》2018年4月2日)等,这些文章大都是记述作者与张伯驹交往的片段或简介张伯驹一生在若干文化艺术领域取得的成就。有关张伯驹的传记著述主要有10余部,分别是任凤霞的《张伯驹和潘素》《一代名士张伯驹》,张庆军、潘千叶的《京城玩主张伯驹》(中国社会科学出版社2004年版)、林玫、谢沐的《大收藏家》(人民文学出版社1994年版)、楼宇栋、郑重的《张伯驹画传》(文物出版社2008年版)、郑理的《大藏家张伯驹》(万卷出版公司2008年版)、王忠和、荣进的《生是长穹一抹风,民国公子张伯驹》(湖北人民出版社2011年版),刘军、柯建刚的《大藏家张伯驹》(中国工人出版社2013年版)、张恩岭的《张伯驹传》《张伯驹十五讲》(河南人民出版社2020年版)、郑重的《烟云过:张伯驹传》等。这些文章和传记作品主要内容是介绍了张伯驹苦乐兼备、命运多舛的一生经历及其坦荡超逸的精神品格和高尚的爱国主义思想。但大部分著述对张伯驹生平事迹的记述均有不同程度的传奇化。虽然如此,这些作品对读者全面了解张伯驹的生平及其思想人格,还是起了积极作用的。

(二)有关张伯驹文艺成就的研究

具体而言,可以分为以下四个领域。

1. 关于张伯驹词作艺术的研究

词作是张伯驹一生文化贡献中最为显著的成就,因此研究张伯驹词作的论文较多，如施议对的《二十世纪中国填词史话（二）》，翁偶虹的《艺、史、诗的综合欣赏》（《张伯驹与京剧》，中国戏剧出版社2005年版），秦燕春的《论近代二公子词：袁克文和张伯驹》（《中国文化》2008年第1期），姚平的《张伯驹词浅析》，谢燕的《张伯驹词研究》（华东师范大学硕士论文，2009年），杨嘉仁的《张伯驹及其〈自书春游词册〉——纪念丛碧词人逝世三十周年》（《中国韵文学刊》2012年第3期），寓真的《"天地与心同一白"——浅谈张伯驹词的境界》（《中华诗词》2014年第8期），马大勇、马闪红的《"天荒地老一真人"：论张伯驹词》（《玉溪师范学院学报》2016年第7期），马大勇的《梦边寻梦更何人——张伯驹与当代词坛》（《词学》2019年第2期），张恩岭、王丽歌的《张伯驹词作简谱》（《中国韵文学刊》2019年第4期），田园的《张伯驹词艺术研究》（河北大学硕士论文，2018年），金春媛的《张伯驹词话：20世纪王国维之后的词论佳构》（《深圳大学学报》2017年第4期），张恩岭的《略议张伯驹晚年的疏放词》（《商丘师范学院学报》2020年第8期）、《论张伯驹词的真与纯》（《周口师范学院学报》2020年第6期），孔令环的《张伯驹春游词简论》（《周口师范学院学报》2020年第6期）等；有关研究张伯驹词作艺术的专著仅有张恩岭的两部书《张伯驹词传》和《张伯驹联语与诗钟集注》。

2.关于张伯驹收藏与鉴赏的研究

张伯驹在收藏与鉴赏方面的成就与贡献是十分突出

的,也广为人知和为人所传诵的,但有关张伯驹收藏与鉴赏研究的作品多为前述几部名为"大收藏家"的传记作品,学术研究论文则不甚多,主要有尹吉南的《张伯驹是中国收藏近代变迁的一面镜子》(《三联生活周刊》2018年第15期),郝炎峰的《张伯驹的大家之道》(《紫禁城》2018年第3期);论文主要有柳梁的《烟云过眼寓于胸——张伯驹鉴藏研究》(中央美术学院,2016年),薛丛美的《游心翰墨——张伯驹书画鉴藏研究》(山东大学,2018年),李楠楠的《张伯驹书画收藏研究》(中央美术学院,2014年)。

3. 关于张伯驹戏曲艺术的研究

在中国京剧发展史上,张伯驹无论是在京剧实践上还是在京剧艺术理论和京剧发展上,都有突出的成就,但有关张伯驹戏曲艺术的研究论文不多见,主要有谢燕的《论张伯驹与京剧余派艺术》(《剑南文学》2011年第11期),康凯的《浅谈张伯驹先生的戏曲研究》(《剧作家》2014年第6期),简贵灯的《名票张伯驹先生〈红毹纪梦诗注〉中的京剧史料价值》(《新世纪剧坛》2016年第3期),吴小如的《读〈红毹纪梦诗注〉随笔》(《学林漫录·九集》,中华书局1984年版),金春媛的《通与融:张伯驹记戏探研》(《河南大学学报》2019年第4期)等,林下风编的《张伯驹与京剧》,实为多人回忆张伯驹与戏剧相关的文章合集,但对研究张伯驹在戏剧艺术方面的理论与实践,无疑提供了丰富的资料。

4.有关张伯驹书画艺术的研究

张伯驹是一位风格独特的书画家,在书法方面,他独创了"鸟羽体",自成一格。在绘画方面,他多画梅兰竹菊,属于典型的文人画。有关张伯驹书画艺术的研究,论文则更显少些,主要有张孝玉的《烟云过眼寓于胸——张伯驹书法》(《书法导报》2017年9月6日),詹霓的《张伯驹的书法收藏与创作》(《书与画》2019年第5期),贾志娇的《张伯驹书法研究》(北京城市学院硕士论文,2020年),何汉杰的《论"鸟羽体"与张伯驹的晚年心境》(《周口师范学院学报》2020年第6期),张冬冬的《〈丛碧书画录〉的编纂及其精神价值》(《周口师范学院学报》2021年第1期),荣宏君的《张伯驹与徐悲鸿国画论战始末及其启示》(《周口师范学院学报》2021年第1期)。荣宏君的《国宝传奇张伯驹》(山东人民出版社2017年版)一书,则为主要讲述张伯驹所藏主要书画文物的艺术价值的,兼有涉及张伯驹书画艺术的论述。

(三)张伯驹研究资料汇编及家世研究的探索

张伯驹研究资料汇编,主要是项城市政协于2008年编写的《张伯驹先生追思集》,这部资料汇编共分为五辑:"家事与生平""艺术成就与爱国情操""名家评说与亲友忆旧""张伯驹故事""张伯驹著述选"。特别是"家事与生平"多为有关张伯驹生平的档案资料,首次为张伯驹研究提供了有别于传说的可信的历史资料。这部书后来由紫禁城出版社修订出版。2013年,中华书局再次对该书修订增补,书名改为《回忆张伯驹》。

有关张伯驹生平、家世的研究论文,主要有张恩岭、王丽歌的《张伯驹年谱简编》(《周口师范学院学报》2019年第4期),章宏伟的《张伯驹研究辨谬》(《郑州轻工业学院学报(社会科学版)》2016年第6期)等,其他论文尚不多见。在专著方面,寓真的《张伯驹身世钩沉》则是此项研究的一项重大收获,此书侧重于挖掘、分析张伯驹家世档案资料、史实,对于研究张伯驹家世,了解张伯驹思想、人格的形成,研究张伯驹文化活动及其背景都具有较大的学术价值。

(四)张伯驹著述及其相关资料的出版与研究,成果丰硕

张伯驹主要著述的整理与出版,成果较多,为张伯驹研究奠定了坚实的基础。张伯驹主要著述的出版是从张伯驹去世以后开始的,现已推出的各种版本的作品主要有《张伯驹词集》(中华书局1985年版)、《春游琐谈》(中州古籍出版社1984年版)、《红毹纪梦诗注》(宝文堂书店1988年版)、《洪宪纪事诗三种》(上海古籍出版社1983年版)、《素月楼联语》(华文出版社2012年版)、《春游纪梦》(辽宁教育出版社1998年版)、《春游社琐谈·素月楼联语》(北京出版社1998年版)、《春游琐谈》(上下册)(南开大学出版社2018年版)、《烟云过眼》(上海人民出版社2000年版)《张伯驹潘素书画集》(人民美术出版社1985年版)、《张伯驹潘素伉俪艺术文献集》(中华书局2018年版)、《张伯驹集》(上海古籍出版社2013年版)、《翰墨留青——张伯驹致周笃

文书函谈艺录》（辽海出版社2020年版）等。《张伯驹集》实为张伯驹主要著述的合集。此外，近年来有关张伯驹、潘素捐献的文物的书画集也由多家出版社出版，如《张伯驹潘素捐献收藏书画集》（紫禁城出版社1998年版）、《新中国捐献文物精品全集（张伯驹潘素卷）》（文津出版社2015年版）、靳飞的《张伯驹笔记：文化奇人的前半生》（文津出版社2021年版）等。

张伯驹年谱的撰写也有了可喜的进展。靳飞的《张伯驹年谱》（文津出版社2021年版）和荣宏君的《张伯驹年谱》（香港中华书局2022年版）相继出版，填补了长期以来张伯驹年谱缺失的空白。从张伯驹的主要著述中，读者可以领略到张伯驹在诗词创作、戏剧理论、收藏鉴赏、书画艺术及金石书画、人文逸事、历史典故等各个文化艺术领域中的深厚底蕴和丰富多彩的创作成就，可谓中华传统文化的精品之作。

三、张伯驹研究的若干不足

在看到张伯驹研究逐步发展深入的可喜局面时，我们也应看到张伯驹研究尚有若干不足与值得拓展的领域和空间。

（一）张伯驹研究存在的主要问题

一是张伯驹生平传记研究成果较为陈旧，且有传奇化的倾向。张伯驹研究的最新成果尚未被学界广泛采纳。这类传奇化倾向主要是依据传说而不是可靠的历史资料，如张伯驹在吉林工作的经过，张伯驹被聘为中央文史研究馆馆员始末，以及在其收购《游春图》过程中马霁川的作用等，大都是传说，既经不起推敲也无可靠的史实依据，有些传记更是主观臆想和戏说，如说蒋介石对张伯驹毕恭毕敬，多次接待，甚至通信等，还有张伯驹在娶潘素之前如果不是碍于第三任妻子王韵缃怀孕就要坚决与王韵缃离婚等，都是子虚乌有的，甚至恰恰和真实情况相反。事实证明，张伯驹研究中，如果不坚决纠正传奇化和戏说倾向，就不会有严谨的学术研究成果，仍然会是旧瓶装旧酒，或新瓶装旧酒。

二是张伯驹研究的视角不够开阔，只对张伯驹生平事迹的述说感兴趣，而对张伯驹文化艺术成就的研究关注不够，或在研究张伯驹艺术成就时，偏重关注其收藏鉴赏，而忽略其他艺术领域的成就。因而导致张伯驹研究的成果不够多，程度不够深。

三是有关张伯驹研究的专家团队尚未形成，一些青年人在完成有关张伯驹研究的硕士论文以后，就转移了工作和研究方向，造成张伯驹研究的中断；再就是张伯驹研究队伍存在年龄的较大差异，没有形成老中青有序的梯队建设，存在脱节问题。

(二) 张伯驹研究的拓展方向

一是有关张伯驹研究的大量文献资料及散佚诗文亟待收集和整理。张伯驹主要著述亦需进行整理和研究。现在出版的张伯驹主要著述除了作者自注，大部分都没有注释，甚至有些著述仍然只有繁体字版，这些情况都不利于张伯驹研究的展开与深入。

二是张伯驹家世研究需要充分展开和深入。目前，学界尚不多见有关张伯驹家世研究的学术论文,如张伯驹书信、档案、通信等都是张伯驹研究的重要资料,从中可以考察张伯驹重要活动及其经历和思想等,尤其是书信,张伯驹一生与诸多友人通信十分频密,内容非常丰厚,但目前对其缺乏系统整理和研究。

三是有关张伯驹人生思想、精神品格方面的研究尚待开展,学界还没有发现较有分量的有关此项研究的论文发表。

四是张伯驹文化艺术成就的研究有待全面展开并深入。张伯驹文化艺术成就主要是词作词话、收藏鉴赏、京剧艺术、书法绘画等四个方面,但学界对这四个方面的研究还多为关注其词作艺术和收藏鉴赏方面,至于其京剧艺术与理论书法绘画,则鲜有关注,研究论文较少。这些情况都是值得重视,应该加以引导,以期全面展开并深入研究,多出成果。

五是张伯驹研究团队、平台阵地建设都有待重视和加强。

六是大众视野下张伯驹文化艺术成就和思想人格的普及和弘扬工作都有待加强。张伯驹文化和张伯驹精神作为中华优秀传统文化的宝贵财富,不能只成为少数专家学者案头上的研究对象,而应该走向学校,走向大众。为此,要在做好学术研究的同时,有规划、有组织、有步骤地普及宣传,以达到弘扬传承的目的。因此,有关张伯驹的各类普及读物、艺术再现、文化创意等都应有计划地进行和推广。

研究热潮

结　语

综上所述,回顾张伯驹研究的发展历程,可以看到,三个阶段是一步步深入的,从认识表面到探讨实质,从传奇到严谨,张伯驹研究步步深入,已取得了较为丰富而坚实的研究成果。但学术研究要注重创新,没有创新就没有学术的动力和活力。张伯驹研究也是这样,也要有不断的创新,才会有广阔的前途。这种创新主要体现在三个方面:

其一,研究视野要更加广阔,要善于发现张伯驹研究中新的课题和亮点,不断拓展张伯驹研究的领域;

其二,研究层次要不断深入,不能停留在现有研究的层面上,要不断深入,得出新的研究结论和成果;

其三,研究方法要多样,运用多重证据法,吸收政治学、社会学、人类学、历史学、文学、艺术学等多种学科的新知识,全方位、多角度分析张伯驹的人生历史和文化贡献。

总之,张伯驹研究经过近 40 年的发展,目前正处于一个新的研究起点上,将来有望成为学界的一个研究热点和亮点,张伯驹研究任重而道远,其研究格局、研究性的专业队伍的形成,都需要学界的共同努力。

(原文刊于《名作欣赏》2023 年第 1 期)

附录

北京市文化局《关于张伯驹先生右派问题复查结论的请示》

(79)京文人字089号

市委文化出版部：

张伯驹，男，79岁，河南项城人，家庭出身军阀，本人成份官僚资本家，解放后曾任公私合营银行联合会董事会董事，北京京剧基本艺术研究社副主任，北京市政协委员，民盟总部文教、财务委员会委员，1958年由北京市戏曲界整风联合办公室定为右派分子，按四类处理，撤销京剧基本艺术研究社副主任、市政协委员，1962年1月经陈毅同志建议，中央统战部徐冰、平杰三、薛子正同志同意，市委处理右派工作领导小组批准，摘掉右派帽子，现任中央文史研究馆馆员。

经复查，张伯驹先生在北京解放前夕及解放后的表现是爱国的，对国家、对人民做过有益的事情，组织京剧基本艺术研究社和该社所组织的业务活动，是在党和政府领导下进行的正常活动，与章罗联盟没有关系，不应划为右派分子，应予改正，根据中共中央（1978）55号文件精神，决定撤销原结论，恢复其政治名誉。

北京市文化局党的领导小组
1979.3.2

（本文原载项城市人民政协编《张伯驹先生追思集》，2008年）

中共北京市委员会文化出版部(批复)

(79)文出字 24 号

市文化局党的领导小组：

同意关于张伯驹先生右派问题复查结论的意见。

张伯驹先生在北京解放前夕及解放后的表现是爱国的，对国家、对人民做过有益的事情，组织京剧基本艺术研究社和该社所组织的业务活动，是在党和政府领导下进行的正常活动，与章罗联盟没有关系，不应划为右派分子，应予改正，根据中共中央（1978）55 号文件精神，决定撤销原结论，恢复其政治名誉。

此复

中共北京市委文化出版部
1979.3.19

（本文原载项城市人民政协编《张伯驹先生追思集》，2008 年印）

身世自述

张伯驹

一九五二年一月二十二日

我祖上是由贫农而富农，到我祖父已成了地主，中了举人。我父亲中了进士，由京官到直隶服官，直到民国四年后退休，又创办银行，寓居于天津租界内。所以我这个家庭，完全是封建时代由地主而官僚长成的，充分表现骄奢堕落的形象，有很多污浊罪恶。我是在这个家庭里生长，习染，也不能不有了罪恶。

在我七岁的时候，我父亲已与我订了婚，就是我的原配李氏。她父这时是候补道，我父亲也是候补道，这就是门当户对的婚姻。到我十九岁结婚，结婚之后，家庭里才知道我的原配李氏夙有疾病（是没有月经），不能生育，并染上鸦片烟瘾。封建旧家庭的传统思想是：不孝有三，无后为大。到我二十四岁，我父亲就催促我纳妾，是年我与邓韵绮（在解放北京前与我脱离关系，并一次给予赡养费，后邓韵绮向最高法院诉请再给赡养费、被批驳）同居，次年生一女，不久夭殇。邓韵绮久不生育，又染上鸦片烟瘾。到我二十七岁，我兄弟（我叔父之子）病故，两门只我一子，我父亲催我再纳妾，并指示以生育为目的，不论才貌，要身体肥壮。由盐业银行副经理朱虞生介绍了王韵缃。本来介绍的有两人，王韵缃是其中之一，因为朱虞生的同居与王韵缃之母是朋友，那一个就没叫她与我见面，力促王韵缃与我的成功。是年就与王韵缃实行同居，于我三十一岁时生了一子。这时我叔父的同居杨氏也生一子。一个大家庭共居一处，大家都是享受懒惰，有鸦片烟瘾的就有十人之多。

我从三十岁研究文艺，对于这样的家庭感觉痛苦，尤其厌恶租界，所以我常在北京。到民国二十二年，我父亲去世，我父亲的同居孙善卿庶母，交给我很多的遗产，但是，还是有不够这大家庭开支之虞。我看了这时国民党的政局现象，我又做银行的事，知道经济前途不可乐观，对我的家庭还是这样排场阔绰下去是没有办法。我就将大部分盐业银行股票交给王韵缃，使她试验管理家政，因为儿子是她生的。并且，我对她说，经济前途是很危险，股票的利息是靠不住的，必须紧缩开支，家庭要平民化，譬如在楼上由梯子一级一级的下到平地，总比从楼上坠到平地好。但是她不能了解我的话，而且她早已染上鸦片烟瘾，每天到下午四点钟才起床，没有管理家政的能力。我把股票交给她，是为供给家庭开支，股票的印鉴还在我这里，不是给她个人的，而她会误认到儿子是她生的，交给她的股票我不能再拿走。至于这个家庭开支不够，她没能力把它节俭下来，还要我想办法。我到三十九岁，在上海与我的爱人潘素相遇，我们两方情愿结为配偶。我是连香烟都不吸的，他们都吸大烟，我起床的时候是他们睡觉的时候，我睡觉时候是他们打牌吸烟的时候。我感觉到苦闷而有这种举动。

到民国二十八年，天津发生水灾，我家也淹在水中。这时，孙善卿庶母同王韵缃都来北京暂住。我想趁这时候，把天津家庭合并在北京一起，计划在北京宅的空地建一所房，专供孙善卿庶母居住。如果她不来住，我就不担负天津家庭的开支。我首先征求王韵缃的意见，她回答她不到北京住，她还要同孙善卿庶母住。在她的心里，因为多数的遗产在孙善卿庶母手里，将来孙善卿庶母死后都归她所有。但是，她了解不到将来的局势与经济情形。

在这一年，我的原配李氏去世，所有遗物，首饰、衣服、家具，都由王韵缃接收。这一年年底，我父亲的第五同居李氏去世，所遗衣物首饰也由王韵缃、邓韵绮、刘张家芬（我叔父之女）均分。到民国二十九年，我叔父（生父）去世。在一年多之内，我家有三回丧事，已经负很多的债，北京的房子又已押出。这时感觉不易维持，在王韵缃那里拿回股票数万，交族叔张慕岐经营买卖（一九五一年春，张慕岐曾来京云：所经营的有盈余股票的款，都交还王韵缃）。

民国三十年，我去上海，在王韵缃那里拿去股票十万，交同乡牛敬亭代经营。我在这年夏，被汪精卫的伪军绑架，此时都由潘素一人奔走借债营救，拘八个月始行释放。因为还债,把十万股票卖与牛敬亭。

我同潘素于民国三十一年回到北京。此时,已毫无办法再担任天津家庭的开支,而王韵缃手里还有十几万股票也不再拿出来。从此,天津家庭开支才由孙善卿庶母担负,王韵缃只管她自己的零花钱。我本年由朋友帮助,及潘素卖出首饰,离京去到西安。

民国三十三年,潘素曾去天津,向王韵缃取出股票七万,由王韵缃令其妹随潘素去上海,卖出三万的款由其妹取回交王韵缃自用,四万的款汇西安入秦陇实业公司股。民国三十五年,我又将王韵缃手里约五万以上股票的印鉴,交给王韵缃,换成她自己的户名。以后她陆续卖出。截至现在止,盐业银行股本账内她还剩有一百股股票。

我本来是研究考古的。在日本投降时,伪满溥仪在清宫携走的古代书画,均在东北散失,我为保存国家文物,收买此项书画,负债七千数百美金。此时又有中国最古之画发现,我恐被商人买去流到美国,我所以将房子卖出(前已押出,负债约五十万伪联币,日本投降后法币一兑五赎回)。除还负债及置购现住承泽园住房外,以余款购收此画不足,由潘素卖出首饰补贴,始完成此任务。因此,我虽卖出房子,手中还是拮据。

到三十八年和平解放北京,我为工作又负了十八两黄金的债。直到解放以后,我没有收入,这一时期没有办法再照顾到王韵缃。

一九四九年春,王韵缃来京向我要钱,声言要字画,她也说不上名称,只说要顶值钱的。我收藏这一部分书画里面，有潘素贴补的钱，是我与潘素共有的。我们的宗旨是为保存研究国家的文物，不认为是我们换享受的财产或遗产。我们研究工作终了，将来是贡献于国家的。我写的有遗嘱，并且有朋友证明。王韵缃的思想是与我们背道而驰的。

一九五零年，王韵缃又向我要钱，我答应她有西安福豫面粉公司股票给予她，还有我担任董事每月有面粉三袋夫马费也给她。我写信给福豫面粉公司，改换股票户名，并汇来面粉折价的款，俟接到回信云"在重估财产之前不能过户"，面粉款亦未汇来。我这时忽然明白，我本人在北京，一直没去西安，而每月还拿夫马费是不合理的，我于是就辞去董事。还有我投资面粉公司时，有一些余款未结清，若按币制改变则公家损失，所以我又将股票捐于公家。这并不是我对王韵缃食言，因为我的立场，不能不先公而后私。

到一九五零年年底，孙善卿庶母把天津房子卖了，我到天津请孙善卿庶母替我给她（王韵缃）一部分钱。孙善卿庶母给她四十匹布，即是孙善卿庶母替我给的，我有过这样的请求。在一九五一年，王韵缃又收到她的放款本息三百六十万。她在天津，并无食与住的担负，在一年之内就用去一千三百多万。

一九五一年八月，我去天津作抗美援朝义演，王韵缃又向我要钱，这时由潘素答应每月设法给她一二十万元。但是，我的欠债由租房的款还掉，而我的婶母在一九五一年春故去，办理丧事又行负债，每月入不敷出，家中生活全由潘素筹措。给了王韵缃一次钱，就不能按月照给。后来王韵缃来信质问潘素，责备"不兑现"。现在她来京说我不负她的责任，我说你可以到北京来住，她说我与她感情不好，平时不同她说话。这是我的习惯，平常说话就少，而我与她思想不同，文化程度不同，往往说好话也会误会，不如少说话。她又提出分产问题，我答复她只有向法院去讲。

总述我旧封建家庭的罪恶，就是我的罪恶，即使我在反蒋革命上有小成绩，或是思想有些进步，也是不能遮掩的。在今天一定、而且必须暴露出来，予以洗刷结束，才能在这新时代重新做人。

一错不能再错，所以我同意王韵缃诉要抚养费的要求，但是我既然是统一战线上一个人民，我也必须拥护政府婚姻法一夫一妻的制度，我提请法院判决我与王韵缃终止同居关系，至于抚养费或赡养费的数目，我把我的负债财产收入人口生活状况报告，法院请根据情况及王韵缃一个人生活予以公决，我愿意借钱，最迟在两个月内一次付给她，我再准备卖出房子，补还我的债务，我与王韵缃虽说同居，她一直住在天津，我一直住在北京，实际上已有十五年以上没有同居。她得了赡养费，与我脱离同居关系，也可去掉依赖性，去学习劳动。她与我的儿子，大学毕业后已经早有工作，每月有三百斤上下小米待遇，还能照顾她，我若不幸在社会主义未实现前死亡，如果还有私产，她与我的儿子还能继承遗产。这与王韵缃精神物质上都无损失，而我也可以毫无牵挂的，以我的精神能力贡献于国家。

谨呈

张伯驹　呈
一九五二、一、二二

（本文原载寓真《张伯驹身世钩沉》，三晋出版社，2013年版，第314—327页）

我从余叔岩先生研究戏剧的回忆

张伯驹

我开始看余先生的戏

我自幼就爱看戏,记得我八岁时在天津,有一年端阳节,天下着雨,我坐着一辆铁皮洋车(车外面罩着油布,车上还插着蓝色的野花,表示着是过节),直奔下天仙而去,看杨小楼与九阵风主演的戏。自此以后,我常到下天仙、丹桂茶园、元升茶园看孙菊仙、李吉瑞、张黑、白文奎、薛风池、元元红等人的戏。那时,演员里面有两个童伶须生:一个是小桂芬,一个是"小小余三胜"——余叔岩先生。但是我现在回想那时所看的戏,已经像隔了一层云雾,记忆不真了。直到我二十一岁时,在陶园看叔岩先生演出的《天雷报》仍对他的演出没留下印象。我第二次看叔岩先生的戏,是在北京第一舞台看他演出《问樵闹府·打棍出箱》,那次我走进剧场找座的时候,他刚上演,有的观众摇手叫我不要说话。虽然在此之前我曾两次看过他的戏,但这一次仍然一点也不懂。我二十四岁时,在北京三庆园再次看他的戏,这才有所领悟,从此经常看他的戏,并开始学他的唱法。

我二十八岁那年,请了余先生的琴师李佩卿给我说戏,在一年的功夫里,我学了很多出余氏的戏。我三十岁时,彩唱了《二进宫》《空城计》《八大锤》三出戏,并在这一年的一个堂会上,见到了余先生,他对我说:"我们凑凑,你学什么戏,我给你说。"这次我们一见如故,第二天我就到椿树胡同头条他的家里看望他,至此我不断向他学习他的戏剧艺术。

我最先向余先生学习的三出戏

第一出戏是《奇冤报》,虽然这出戏的唱法我向李佩卿学过,有些基础,但余先生仍然详细地给我重说,尤其是其中的两段［反二黄］,在吐字、发音、腔调转折顿挫上,余确实有很多妙处。

有一次,余去天津演出,我与他同去,在火车上,我们一直念这两段反调。正好他那次在天津演出的戏有《奇冤报》,这两段反调我就这样学会了。回到北京后他又从台步开始教我学身段。余先生说台步是身段的根本,初练台步,最为要紧,如果台步走坏了不易改正,就是成名的内行,像王又宸、言菊朋、鲍吉祥他们几位的台步也还是有些毛病的。余先生的台步,穿官衣褶子与穿箭衣、披蟒扎靠不同,他先教我练习穿官衣褶子的台步。他说,走台步之前,要先把气沉静下来,眼向前平视,前胸微扣。一般的走台步，两手大拇指向上挑起水袖，而余先生则是右手大拇指挑起向左，左手大拇指挑起向右，指背朝前，使两臂自然成了弧形。他说，要是大拇指上挑，手背就朝外了，两个膀臂就不圆了。走步时要求两脚跟用力蹬出成八字形，亮出靴底，探出步去，落地自然，上身稳而不僵。两臂不能矜持用劲，先一步一钉（顿）后继续行步，走到尽头，随步转身再走，似这样每次要走十几遍。脚步走好之后，又教我拿上马鞭，穿上褶子学举马鞭，打马鞭。穿箭衣、披蟒扎靠的举马鞭、打马鞭的形式、角度、用力的轻重也各有不同。

排了"行路"，接着排"中毒"一场。这场戏身段最多，倒板后有搓手、揉眼、按腹、一吐、两吐、扔主巾、蹬椅子、垫右胳膊、甩髯口、甩发、滚桌子，这些身段都是根据老谭先生的路子，还有连摸门拉锁、屁股坐子、搓步甩发、前扑、后跌。以后就专重唱工了。分场排完后，又让我再穿上靴子行头总起来连排，这一出戏才算完工。

我向余氏学习的第二出戏，是《战樊城》，这出戏短而精彩，余先生演这戏非常潇洒、漂亮，有绕枪甩发的下场及夹鞭射箭的身段。他说学这出戏，必须先练起霸、打把子、走快步。于是，我就找了钱宝森，每天上午钱来我家与我练起霸、打把子。晚间我再到余先生家由他再教我起霸的姿势、劲头与快步方法、把子姿势、下场和亮相等。

余先生的起霸和把子里，有老钱金福先生的东西，他把老钱先生的东西融化到老生身段里面，把重大严正化为平静边式，例如《定军山》的下书"定计"一场，下场前,"瓜仓……瓜仓……仓仓另仓"以前的走法,就是老钱金福先生的东西,他吸取到老生身段里加以运用,分外漂亮,一点也没有花脸气味。言菊朋也曾向老钱先生学过靠背(靠把)戏,但消化得不好,在表演上背和腰显得有些呆板不活。我学《战樊城》的时间比《奇冤报》长。我学会后,余先生曾在开明戏院演出《奇冤报》《战樊城》给我看。《战樊城》之后,是《长亭》,这出戏很少有人演,余先生的《长亭》,是家传的老徽班戏,[二六]唱词有六七十句之多,唱与现在也有所不同,板槽虽是[二六],却又像似[流水],当时我们还把唱词节略了一下。不过,我们谁都没有演过这出戏。

我学的第三出戏是《阳平关》,因为学了穿箭衣的戏,当应学靠背戏。这一出披蟒、扎靠,有趟马、起打、舞大刀花等基本功。余先生的趟马特别精彩,[四击头]出场后看大纛下的人头,是走快步做一勒马的姿势,然后再走至下场前方绕马鞭理须,看大纛人头、翻身让下手走,才走至上场前方加鞭提蟒斜走,至下场勒马翻身三笑,[四击头]看大纛人头下。余先生演这出戏的第一场在威风凛凛中表现出雍容华贵的气度,全场观众为之动容。这出戏我演出的较多,在"国剧学会"传习所开学典礼时,我同姜妙香先生曾演过这出戏,妙香反串赵云,钱金福老先生看后说还不错。余先生说功夫不亏人。

《奇冤报》《战樊城》《阳平关》三出戏,一出是褶子戏、一出是箭衣戏、一出是靠背戏,这就是我向余先生学的三出打基础的戏。最末我还向叔岩学了《打渔杀家》

和《打棍出箱》两出戏。在学这两出戏之前，正是夏天，我利用晚上和老钱先生、钱宝森先生，一起打把子的时候，又学会了《战宛城》《八蜡庙》。有一次义演我还演出过《战宛城》，红豆馆主饰曹操，九阵风饰婶娘，钱宝森饰典韦，傅小山饰胡车。那次堂会，压轴戏是《审头刺汤》袁寒云（汤勤），王凤卿（陆炳），王幼卿（雪艳）。《八蜡庙》的褚彪、黄天霸、朱光祖我都演过。我在《八蜡庙》里饰演黄天霸的那次演出，是在"国剧学会"与梅兰芳先生合作的。梅兰芳先生饰演褚彪，朱桂芳先生饰费德恭，徐兰沅先生饰关泰，程继先先生饰朱光祖，姚玉芙先生饰家院，其他角色，也都是由名演员、老票友饰演。《战宛城》《八蜡庙》都是杨小楼先生的好戏，余先生演这二出戏的表演与杨先生不同，不是武生的味道。

以后我又学了《战太平》《盗宗卷》《捉放宿店》《洪羊洞》《连营寨》《戏凤》《摘缨会》《汾河湾》《刺汤》《定军山》《天雷报》《失印救火》《珠帘寨》《四郎探母》《碰碑》《御碑亭》《卖马当锏》《法场换子》《凤鸣关》《天水关》《空城计》《鱼肠剑》《南阳关》《群英会》《上天台》《桑园寄子》《八大锤》《坐楼杀惜》《伐东吴》《别母乱箭》等近四十出戏，里边也有学而未演过的。最后，我才学《打渔杀家》和《问樵闹府·打棍出箱》。

我学了三出打基础的戏，所以，后来有些身段少的戏，学得很快，如《汾河湾》《御碑亭》《洪羊洞》《宿店》这一类的戏，有四五天我就学会了。学《打渔杀家》

附录 ·279·

时,余先生说这出戏至少要排半个月,一般人认为这戏好演,其实这戏最难演。要有靠背戏的基础,而又不能完全用上靠背戏的劲;像短打武生,而又不能完全用上短打武生的劲;要苍老,还要漂亮,剧中人物虽然是个老渔夫,但他原来是梁山英雄,在剧情上,"打渔"一段父为爱女而懦弱,女为爱父而强悍;"杀家"一段,父为爱女而强悍,女为爱父而懦弱,一定要掌握这样的内心。至于表演写实写意的技术,如船上的一切动作,一招一式,都须要像,而且要求边式。同样会唱这出戏,好也是会,坏也是会,如果要好,就必须多下功夫。我们定了起码这出戏要学半个月,从规定时日起,每天下午四点钟我到余先生家排练,夜间有时还要再熟一下。这出戏的表演特点在旦角倒板后,老生内白:"开船哪",出场要快走几步,然后打鼓亮住,老生与旦角之间在船身永远保持一定距离,走圆场亮住摇船时,一般的是大甩须"洒狗血",余先生则是走完圆场跨步时一甩、两甩。摇船时,须梢跟着飘摇,表示船在河风吹动中行走。唱完"稳住篷索父把网撒",桂英有下篷的身段。撒网下船、上船的身段,都是美术的写实。送走倪荣、李俊上船后,桂英问:"二位叔父他是何人?"萧恩白:"儿问的就是他",随着起云手、甩须。向上场门看时,与旦角成一高一矮的姿势,转身时,甩须、理髯,通穿过身与旦角互换位置。一般人演到这里则是老生与旦角磕手,这是不合理的。第二场出场,一般人披老斗衣,要穿上左袖,余先生是全披着出场,表示萧恩才起床。开门、出门、看乌鸦、进门、关门坐下,都是边唱边进行与板眼结合得很紧。原来与教师起打时,有一个左飞脚,这是谭鑫培老先生演这戏时的身段,据说后来谭老先生就不用了,余先生演出这戏时也没用这一手,因为它一不利索,会绊倒。到了"好好看守门户为父去也"一句后面在扫头中出门交衣服,回身的一指是向桂英示意。

杀家这一场与旦角的神情最为重要。萧恩与教师的对打为"大锁喉",我与老钱先生、钱宝森先生经常对打,这套把子打法有枪的裹脑,刀的裹脑,以转身对面一指最为精彩。余先生与王长林先生演出时,有时也打"劈杆子"。这一出戏余先生经常与梅兰芳先生合演,因为经过他们两位加细地研究,故演出效果珠联璧合,堪称典范代表的佳剧。

演《问樵闹府·打棍出箱》这出戏,必须有靠背戏的基础。这戏中的主要人物是一个穷儒生,扮演者处处都要表演出他的书生气味来,台步也是另外一种走法。"问樵"一场很紧张,但是净求火炽,就会失去书生的气度,这一点怎样掌握,是很难的。范仲禹是因为妻子失散而精神失常,他还不是全疯,有时清醒,有时迷糊,用眼神时都要带些呆气。同时剧中人物身段繁重,既要火炽,又要沉静,又要漂亮,唱法上也是一场比一场重,"出箱"时,调门一定要比前面高。所以,这出戏是老生的重头戏。

我学习这出戏的方法与《打渔杀家》不同,是按场子逐步排练,而余先生有时给我说"问樵",有时说"出箱",有时又说"闹府","问樵"和"出箱"这二场说的次数较多,后连在一起排练时,他又给我说了一遍。最后，我又看了他为湖北赈灾演义务戏时的演出，听他说一遍，才算完成。《打渔杀家》《问樵闹府·打棍出箱》是我向余先生最后学的两出戏，还有的戏我仅向他学会唱而未学身段，因为我不打算演出，如《南天门》《铁莲花》《状元谱》《双狮图》《一捧雪》等；也有些戏，是我自己认为已经有了很多戏的基础，唱法上已会了，里面的表演特点余先生都讲过，用不着按次序学身段，如《武家坡》《法门寺》《搜孤救孤》《清官册》等。但有一件遗憾的事，就是《失街亭》的王平与《太平桥》，都是谭老先生亲传给余先生的，当时我只学了《失街亭》的王平，竟然没向他学《太平桥》。因为《太平桥》有蹬椅子、摔僵尸的身段，余先生说练习这一身段须有一个对手，在抓住枪摔僵尸的时候，须要他撑住劲。我就没有要求学这出戏，现在想起来真是后悔不及。

余先生对戏剧音韵的研究

余先生唱念的发音、收韵特别讲究。他对戏剧音韵学有家学渊源与自己的研究，因为老徽班程长庚大老板最讲究念字，余先生的祖父余三胜老先生是"徽派"的老生演员，余先生的《凤鸣关》《天水关》《摘缨会》《长亭会》等，这些戏均是西皮调，唱词也很长，也都是家传戏，所以他念字自然。姜妙香先生说，有一年他们去彰德袁世凯家唱堂会，演完后，袁留他们住几天，他同余先生住在一个屋里，闲谈间余先生就大谈唱戏如何念字。那时，余先生也不过二十来岁，后来余先生又从魏铁珊老先生研究音韵学，他经常看的书是《李氏音鉴》。我们为了在唱念上抓住根本，就一起研究音韵学，对阴阳平上去入在戏剧里的念法以及尖团字、上口字、发音、收韵与切音的关系，"三级韵"的运用方法等，余先生都结合他的经验作过阐发。我根据他所说的，又参考一些韵学书写了一部《近代剧韵》。对于这部书我们之间也有过不同意见，例如"愁"字，无论哪种韵书上都是念尖音，而在近日皮黄戏里却念团音，我认为应该念尖音，余先生以为非念团音不可，因此在所写的《近代剧韵》里，我还是把"愁"字列入团字里边，而附详各韵书都作尖字。据传程长庚及汪桂芬老先生是念尖音，自皮黄戏到北京以后，由于北京方言的缘故才渐渐变成团音的。而且还不止这一个字，例如"色""泽""涩""啬""择"等字都是团音，属"怀来辙"，而皮黄戏里都念成尖音，属"梭坡辙"了，由此可知皮黄戏曾经采取了一些河南和北京的语音的，戏剧的音韵也就以长江流域的中游与黄河流域的中游广大区域的语音为基础了。《近代剧韵》一书，虽经写好印出，由于余先生怕有错误之处，以致贻笑大方，所以并未发行，以后我经再次修改，易名《乱弹音韵》发表在国剧学会的《戏剧丛刊》上面。

有一次堂会，特烦余先生去演《上天台》，因叔岩的琴师李佩卿没有拉过这一出戏，就找他来吊嗓子，同时给李说唱腔。余先生调嗓子时，他唱一句我写一句（记在戏单子的反面上）。他调完后，我问他怎么唱？他说："一个上句,一个下句,我再调两遍,你就会了。"果然如此,余先生又调两遍,我照戏词唱就学会了。

过去的戏曲演员,在唱念上都是口传心授,虽不会有什么错误,但知其然,而不知其所以然,如果能再知其所以然,就能变化创作。余先生的唱念是学谭老先生的,有人说他在有些地方比谭老先生还好,余先生并不承认这一说法。他经常听谭老先生《洪羊洞》和《卖马》的唱片。这两段唱是梅雨田先生拉的胡琴,唱与胡琴真是炉火纯青。余先生认为谭老先生的唱,除了唱京韵大鼓的刘宝全可与比拟外,再没有人能与他抗衡。余先生虽然是学谭的,但在运用嗓子和音韵方面,都有自己的创造,因此有他自己的风格,任何艺术都是如此,能达到自己创造的地步,就一定有其独特之处。

我们有时也谈家常

在说戏以外,余先生也和我谈家常和说他学戏的经过。余先生弟兄四人,父母去世后所留家产不多,弟兄四人分居过日子,余先生与陈德霖先生的女儿结婚后,生活并不算富裕。而且在倒仓时期,由于不能演戏和求师学戏,坐吃山空,在生活上更加困难,陈老先生时常接济他,甚至他的妻子把金镯子卖掉供他学戏。他向姚增禄先生学的戏最多,也常向李顺亭、钱金福、王长林几位先生请益。此外,凡是谭老先生有戏,哪怕是在堂会上演出,他也要设法去看。他还向谭老的打鼓佬、检场的、配角、院子、龙套等，也请教过。有一次他票戏演出《天雷报》，谭老看了后回家对小培说："你守着我不学，你看余三这小子多有心眼！"余先生当时虽然如此用功，但由于嗓子未恢复，仍不能演营业戏，生活更加难以维持，只好在袁世凯的总统府里当了一名内尉。在这里，他认识了庶务处司长王某，并拜王为干老。有一次，谭在总统府里演堂会戏，经王某的介绍，余才得以拜谭老先生为师。拜师后，他虽然送礼问安，跑前跑后，伺候维谨，但谭老仍不肯向他传授技艺，他只能趁着有时谭老高兴，零零碎碎地问上一些东西，后来谭老看他殷勤过意不去，才教了一出《失街亭》的王平，一出《太平桥》，而余先生就成为谭老先生的衣钵传人。

余先生的嗓音稍有好转后，便搭了梅兰芳先生的班，但只能演倒第三戏，这就是我在第一舞台看他演《问樵闹府·打棍出箱》的时期，以后，他开始就独立挑班，与俞振庭先生、尚小云先生合作，在三庆园演出。从此，他腾达直上，与杨小楼、梅兰芳鼎足而三，造成京剧艺术的又一个高峰。

余先生的性格与平日消遣

余先生是非常聪明的，而且有魄力，有坚忍性，通过其学戏过程，便可知道他有时还很倔强。例如张作霖时代，经常要演义务戏，有一次叫余先生演《珠帘寨》，叔岩不演。过了一天，张的警察长的秘书吉士安（吉外号

"吉小人")来对叔岩说:"如果不演,就要请你到医院里住,你考虑一下,明天我再来。"叔岩仍然不演,还是我劝说他,宁得罪君子,勿得罪小人,他才勉强答应。但演出时,他把八句唱成四句,与周德威对打一场,见面一[垛头]周就下了,这出《珠帘寨》就这样草率了事应付过去了。又如上海杜月笙的祠堂落成,遍邀北京的名演员去沪演戏,只有叔岩不去。杜月笙吹出口风说:"如果不去演,此生休想到上海。"叔岩说:"此生就不到上海。"终于没有再去演。有人说他性情无常,不好交。余先生是一位有天才的艺术家,他固然有些脾气,其实很好交,只要和他对脾气。他的一些朋友都是多少年交情,我同他未认识以前,就听说他有四将:(一)张天亮;(二)马三趟;(三)周白吃;(四)陈好唱。张天亮是一个前清举人,多少年来一直捧叔岩,每天晚上必去余家,夜里二三点钟后才走;马三趟是个警察官,每天要到余家二三趟;周白吃是余住宅区的一位警察署长,常在饭时到余家吃饭;陈好唱是位老先生,好唱,但不求甚解,唱时不管荒腔走板,余先生每次调完嗓,他必唱一段,这几位,在我认识叔岩以后,经常见到,后来,我们都成了熟朋友。

余先生平日的消遣,有时写字(最初写楷书,后来学写米芾体),我送他一卷张照临米《天马赋》,他日常临摹。这个卷子以及珂罗版的米帖,到现在还留有他的许多字迹。秋天,他爱养蟋蟀,他藏有很多明朝蟋蟀盆;冬天,他爱养油葫芦。他养油葫芦用的葫芦都很讲究,上面的盖子有玳瑁的、象牙的,还有葡萄云龙或子孙万代玲珑透空精细的雕刻，这也是北京特有的一种手工艺。为余先生刻葫芦的名手叫李狗，他自己嫌名字不好听，后来又求人为他起了一个名字叫"守业"。其实这位起名字者是开他的玩笑，"守业"的业音是"守夜"，仍然是狗。

春夏天的时候，余先生有时还去郊游，春天他则常去戒台寺住十天半月。有时夏天他到卧佛寺住几天。他平日的消遣不过如此，向来不作规外娱乐。

余先生论戏的一鳞半爪

余先生论戏，多半是内行话，虽说是一鳞半爪，但是现在分析起来，哪一句话都是经验名言。如果列一个戏剧理论提纲，他的每一句话都可以发挥成为一篇文章。他常常讲到"窍头"，我向他学《失街亭》的王平时，曾问他，这出戏的"窍头"在哪里？他说，你这句话问得就外行了，哪一出戏都有"窍头"，戏分人唱，会者是"人唱戏"，不会者叫"戏唱人"，我们所演的王平就与一般人不同。直到我学会这出戏后，我才明白了他说的这番话，才懂得了无论哪一出戏，要你能把剧情与剧中人物性格、技术经验相结合起来，有自己的新创造，自然与一般背书式的唱戏不同。就以《失街亭》的王平为例，"坐帐"时的神气、山头对白的念法、下山上马的身段、画图时念白的神情，都能表达王平的人物性格，但是能把这个配角演成主角，这就是"人唱戏"了，这就叫"窍头"。

"子午相"在身段里是很重要的，包括身上的直线、曲线，与戏台的直线、曲线，还包括戏剧里所谓"八字"。懂得"子午相"，身段没有不好看的，而靠把戏尤其离不开。我问过余先生："现在演靠把老生的哪个好一些？"他说："张荣奎不错，他懂得子午相。但是过火一点。"还有"叠折、换胎"，"叠折"是一种身段，如演文人的扣胸，演老人的矮腿，演《天雷报》的背、腰、腿就是叠三折。"换胎"是指今天饰演诸葛亮，就要像诸葛亮，明天演宋江，就要像宋江，后天饰曹福，就要像曹福，必须忘了自我而使自己成为剧中人物。有的演员无论演哪一出戏，都是像他自己，这就使人物成了千篇一律。以上余先生所说，虽然只是很简单的几句话，但道理深刻，值得我们研究揣摩。

大炮一声造成了生离死别

我从三十岁和余先生研究戏剧，到四十岁约有十年之久。我四十岁那年（也就是卢沟桥事变那年）旧历正月，叔岩对我说："你今年正四十岁，我要同你合唱一出戏。"我说："我们合唱一出戏我很高兴，但不要说为我四十岁演戏，去年河南有水灾，咱们唱一出戏请些人募捐一些钱，救济一下难民岂不很好。"我们商定以后，就拟定了戏码，并分头去约杨小楼、王凤卿、程继先、于连泉（小翠花）几位先生在隆福寺福全馆演出。这天开场戏是郭春山先生的《回营打围》，第二出是程继先、钱宝森两先生的《临江会》，第三出是魏莲芳先生的《女起解》。因为梅先生当时未在北京，只好请其高足参加。第四出是王凤卿、鲍吉祥两先生的《鱼肠剑》，第五出是杨小楼、钱宝森两先生的《英雄会》，第六出是于连泉、王福山两先生的《丑荣归》（《小上坟》），大轴为《失街亭·空城计·斩马谡》，我饰孔明，王凤卿先生饰赵云，程继先先生演马岱，余先生演王平，杨小楼先生饰马谡，钱宝森先生饰张郃，郭春山、王福山两先生饰老军；孙菊仙老先生的徒弟后改唱铜锤的陈香雪先生饰司马懿，其余配角也都是五十岁以上的老人。这一场戏，也算得上近几十年内极盛的一场好戏。但是盛极而衰，自本年七七卢沟桥事变一声炮响，日本侵略者攻占了北京，仅一二年内，杨小楼、程继先两先生先后去世，余先生本来有尿血病，这一年更加严重，我也再不演戏，只是深居简出，与一些老先生唱和诗词，以消永日。余先生的尿血病一向没有经过详细检查，这一次加重后竟转便溺不利，到法国医院检结果，证明是膀胱毒瘤，非割治不可，于是住院割治，医治良好。但他在医院养了近两个月回家，不到半年，病又重犯，只好二次到协和医院去割治。1941年我去上海时，突然被汪精卫的伪特务机关绑架，囚禁了八个月，脱险后回到北京，又与余先生见了面。他谈到我被难后的情形时，很为我抱不平，他说我囚禁期间，有坐视不理的，有"落井下石"的。事实确是如此，当时我虽然脱险，实际上自己花了不少钱。我出狱后，由于物价高涨，生活方面眼看难以维持了，我只好决定离开北京到后方去，这年旧历重阳的前几天，余先生的病经协和医院割治后，在膀胱内通了一管子，便尿不能走尿道，必须每月换洗一次，但自日本与美国开战后，协和医院就被没收了，余先生的病也无法继续治疗，只能在家待时而已。我走的头一天晚上去看他时（这是我和余先生的最后一面），他正在北屋东间的床上躺着，我怕说出来保不定要大哭一场，没敢对他说我要走的事，只说些闲话和安慰他的话。当时我明白，他不知道，所以有时我的眼泪几乎要夺眶而出，只好借着上厕所去拭一拭，这次我坐到十二点才忍泪而去。

我从北京到西安的第二年三月间，在一个晚会上，忽然看到上海《半月戏剧》的张古愚。我问他："你从哪里来？"他说："从上海来，后天就要回去。"我说："我托你给我的朋友带一封信去，请务必带到。"他说："可以，一定交到。"第二天我去看他时，就把信交给他。我写给朋友的这封信，内容是："预料叔岩兄之病凶多吉少，不能久长，兹拟好挽联一幅，如其去世，务望代书送至灵前为感。"

两个多月后，我的那位朋友回信来说，叔岩兄已于那年5月19日逝世，兄挽联已书好送去。从此我们十几年交情便成霄壤之隔，我这幅挽联写的是：

谱羽衣霓裳，昔日偷听传李谟；
怀高山流水，只今顾误剩周郎！

（本文原载吾群力主编：《余叔岩艺术评论集》，中国戏剧出版社，1990年版，第353—367）

友我终归共一家

张伯驹　潘　素

在庆祝中国共产党诞生六十周年的时候，我们作了一首七律：

> 万千年岁远无涯，海屋才开周甲花。
> 大地皆铺金锦绣，普天同庆日光华。
> 艺文齐下分双管，友我终归共一家。
> 待看五洲新世界，红旗飘展映朝霞。

我们夫妇都是"民革"的成员，岁入耄耋之年。我们的家曾是旧王朝的豪门大家。伯驹曾从伍于曹锟、吴佩孚、张作霖军中。然而不久，终于看清这些人置兵燹焚生、哀鸿遍野于不顾，是一味权争利夺的军阀，由是，退出了军界。对前途的失望，使我们远弃红尘，转入对书画的研习，幻想在这上面为民族的文化做一点事情。

然而，军阀连年混战，使民族宝贵的文化遗产备受侵凌。那时，许多珍贵文物，光天化日之下，竟可在商贾之间、酒肆之中贩卖，不少珍品自此远投海外，引为千古恨事。卢沟桥事变发生后，这种情况更加严重。对此，我们只能尽着我们自己的条件，陆续从奸商手里买进了一些古代的字画，内中有些是极为珍贵的。买字画的同时，伯驹曾上书给国民党政府，希望政府出钱，将这批在市面飘零的珍贵文化遗产尽数买下。但国民党政府只会一味卖国求和、搞内战，其他全然不顾。

这一段时期，为了保存中华民族的珍贵文化遗产，我们变卖了房屋、首饰，又借了一些钱，买下了几乎就要流落海外的国宝——中国传世最古的手书真迹、一千六百多年前西晋陆机写的《平复帖》；中国传世最古的山水卷轴画、隋朝展子虔作的《游春图》以及其他珍贵文化遗产。有一次，我们还从一个商人手中赊购了《伯远帖》与《中秋帖》，言明两年把钱付清。

此后，我们家境有些拮据，不少商人虽曾找上门来，愿以高出我们买时数倍的钱收买我们保存的文物，甚至陈诚也找我们，想用惊人的巨款买《游春图》，但都被我们回绝了。十几年战乱不平，我们据此重宝，真是忧心忡忡，生怕再生意外。解放后，一切都变样了！在中国共产党人身上，我们看到了光明的希望，看到了振兴中华的希望。我们看到共产党对文化事业的重视，仅从人民政府出重价把流落到香港的《中秋帖》买回一事，更使我们看到这与旧政府的霄壤之别。每天，我们都被许许多多新鲜事所触动。在共产党的关怀和教育下，我们开始了全新的生活。我们夫妇俩便把这批珍贵的文化遗产——包括《平复帖》《游春图》及李白的《上阳台帖》、黄庭坚的《诸上座》、杜牧的《张好好诗》、范仲淹的《道服赞》、蔡襄的《自书诗》等二十二件,捐献给了国家。

尔后。我们虽又经受了一段曲折和困迫,但是我们并未就此背弃初衷。对共产党的感情,我们是通过无数实事和反复比较后一点点建立起来、深厚起来的,怎会被这一时的现象所障目呢?

如今,我们国家已走上历史中兴之路。我们虽已年迈,但还想多为祖国的建设做一点事。为此,一方面我们为人民多做些书画,增加外汇收入;同时带授些学生,并著些书,我们还协助发起组织了"中山书画社",准备今年秋季在庆祝辛亥革命七十周年时办一次大型画展。最近,伯驹早在二十多年前便着手筹备的"中国韵文学会"终于正式成立并开始活动了。

回顾平生,百感交集。前半世我们在黑暗中苦斗,一事无成。后半生虽经坎坷,却是在光明中向前。尤其是十一届三中全会后,党的诸项政策一一落实,使我们这些民主人士如坐春风,精神抖擞。"友我终归共一家",这种局面,怎能不叫人激动!

(刘笔 整理)

(本文原载《文汇报》1981年6月26日第4版)